ARENA BIBLIOTHEK DES WISSENS

LEBENDIGE GESCHICHTE

W0086462

Für Afra

Maria Regina Kaiser, geboren 1952 in Trier, war nach der Promotion in Altertumswissenschaften in Frankfurt am Main zehn Jahre in der Forschung tätig. Seither ist sie freie Schriftstellerin; sie schreibt erfolgreich für Jugendliche und Erwachsene.

Klaus Puth, geboren 1952 in Frankfurt am Main, arbeitete nach seinem Studium an der Hochschule für Gestaltung in Offenbach zunächst in einem Verlag für Grußkarten. Seit 1989 ist er freiberuflich als Illustrator für verschiedene Verlage tätig und hat mehrere Preise erhalten.
www.klauSPuth.de

Maria Regina Kaiser

Karl der Große und
der Feldzug der Weisheit

Arena

Lieber Richard im Domchor!

Vor einer Woche brachte der wandernde Händler
Deinen Brief aus Metz mit. Ich musste ihn mehr-
mals allen Leuten auf dem Hofgut vorlesen und bin
sehr stolz auf Dich, meinen jüngsten Sohn.
Jetzt trägst Du also ein weißes Gewand und darfst
bei der Weihnachtsmesse mitsingen. Lass mich in
Deinem nächsten Brief bitte wissen, ob Einhard
wirklich zu Besuch in Euer Kloster gekommen ist
und ob er den Raben Odo mitgebracht hat. Mit
diesem klugen Tier hat es nämlich eine besondere
Bewandtnis.
Auch wir bereiten uns schon auf Weihnachten
vor. Wir haben geschlachtet und die Würste und
Schinken in die Räucherkammer gehängt. In den
großen Korb, den Du hoffentlich pünktlich erhältst,
habe ich einige Würste gelegt. Teile sie bitte mit
den anderen Jungen. Wundere Dich nicht über den
Kasten aus Eschenholz. In ihm befindet sich der
Bericht über meine Erlebnisse in der Pfalz Aquis*

* Im hinteren Teil dieses Buches gibt es ein Glossar – dort
sind die Erklärungen zu den Begriffen nachzulesen!

und meine Begegnung mit Kaiser Karl, um den Du mich gebeten hast. Damals, vor vielen Jahren, hatte ich die Gelegenheit, einige Zeit mit ihm zu verbringen - ich, die arme Sängerin - und ihm einige Fragen zu stellen, und obwohl ich nur ein 15jähriges Mädchen war, hat er sie mir tatsächlich beantwortet. Niemals hätte ich erwartet, unserem Kaiser jemals so nahe zu kommen, näher als die meisten seiner Untertanen. Jetzt ist Kaiser Karl seit drei Jahren tot und Du hast schon vor dem jungen König Ludwig, Karls Sohn, gesungen.

Ich kann nicht so schön schreiben wie Du. Aber ich habe, wie man es in den Scriptorien* heutzutage macht, Abstände zwischen den Wörtern gelassen. Vor allem war ich bemüht, nicht zu übertreiben und nichts zu erfinden. Alles, was Du liest, ist wahr! Wie gut, dass ich damals in Aquis in der Hofschule das Schreiben der Buchstaben lernen durfte. Diese Kunst ist sehr nützlich. So können wir uns trotz der Entfernung etwas mitteilen, auch wenn meine Finger jetzt wehtun von der tagelangen Schreibarbeit. Beklage Dich also nicht, sondern sei froh, dass auch Du schon in jungen Jahren im Lesen und Schreiben unterrichtet wirst. Wenn man zu spät damit anfängt, lernt man es nicht mehr richtig. Vielleicht kannst Du die Erzählung auf den ledernen Seiten abends deinen Gefährten vorlesen. Zwei gute schwere Wachskerzen habe ich für diesen Zweck ebenfalls in den Korb gegeben. Außerdem noch gefütterte Stiefel und wollene Strümpfe - in Klöstern ist es ja immer etwas kühl. Schrei nicht zu laut beim Spiel mit Deinen Freunden, das schadet der Stimme.

Jetzt schließe ich den Brief, weil der Bote schon wartet. Er will noch bei Tageslicht fortreiten. Auch Dein Vater, Deine Großeltern, Deine Freunde und Ricarda und Sigold wünschen Dir alles Gute.

Deine Mutter Siggilind
am Nikolaustag im Jahre des Herrn 817,
Aschibrunn

Siggilinds Erlebnisse in Aachen im Jahre des Herrn 803

Nichts reizt so wie das Verbotene

Betrübt sah ich auf die Türme und Mauern vor mir und auf das von bewaffneten Froschfressern bewachte schwere Holztor, durch das niemand mich einlassen wollte. Mit Weinfässern beladene Ochsenfuhrwerke, Mönche und Händler kamen die alte Straße entlang und drängten sich an den Kontrollen vorbei.

Fünf endlose Tage wartete ich schon vor den Toren der Pfalz Aquis auf die Gelegenheit, vor dem Kaiser zu singen. Eine Herde schwarzer Schweine suchte unter den Bäumen vor der Backsteinmauer laut grunzend nach Bucheckern und Eicheln. Offensichtlich aßen die Menschen auch hier Schweinebraten und Schinken. Komisch, im Sachsenland erzählte man, die Franken ernährten sich von Fröschen und Schnecken. Mir fielen wieder die Worte unseres alten Häuptlings Heiko ein: „Ach Siggilind, erst haben sie uns gewaltsam getauft und demnächst zwingen sie uns, Kröten und Frösche zu essen wie im Frankenland. Hoffentlich muss ich das nicht mehr erleben."

Fünf Tage sind eine lange Zeit, wenn man ein Pferd und einen Raben durchzufüttern hat. Die Hafersäcke waren so gut wie leer und der mitgebrachte Käse fast aufgegessen. Herbstkälte macht hungrig. Durch die Ritzen meines Zelts pfiff der Wind.

Ich hatte draußen am Feuer auf einem Baumstumpf Platz genommen und rieb mir die klammen Hände über den Flammen, die den kugeligen Topf mit dem Milchbrei für meine Abendmahlzeit erwärmten. Als meine Finger wieder geschmeidig waren, stimmte ich ein paar Töne auf der Leier an und begann zu singen. Meine Füße waren immer noch eiskalt und unbeweglich, obwohl ich über die Hanfstrümpfe wollene Wickelbänder gebunden hatte. Zum ersten Mal seit meinem Aufbruch kamen mir Zweifel.

„Mädchen, mach dir eins klar!"

Ich sah auf zu dem riesigen Scaramann*, der vor mir stehen geblieben war. Er war mir schon in den letzten Tagen aufgefallen, denn er überragte seine Kameraden noch einmal um Haupteslänge. Er gehörte zu jenen, die mich am Tor immer wieder abgewiesen hatten; allerdings war er nicht gar so

grob gewesen wie die anderen, von denen einer sogar nach mir getreten hatte.

„Vielleicht wirst du nie vorgelassen."

„Ich habe Zeit", sagte ich.

„Nie, habe ich gesagt. Und weißt du auch, warum?" Spöttisch sah er zu mir nieder. „Du bist Sächsin, Siggilind. Und du lässt es dir anmerken."

„Du solltest wissen, dass wir ein Volk sind", erwiderte ich.

Er ging in die Knie und sah mich intensiv an. „Sachsen und Franken ein Volk", wiederholte er nachdenklich. „Na ja. Eines Tages könnten sie es sein." Ein Lächeln tanzte in seinen Mundwinkeln. Für einen Froschfresser war er recht nett.

„Franken und Sachsen kannst du nicht unterscheiden, wenn du ihnen begegnest. Sie tragen die gleiche Kleidung, sprechen fast gleich, haben die gleichen Namen." Ich seufzte. Natürlich war das nur die halbe Wahrheit, die andere Hälfte behielt ich für mich. Die Franken unterwarfen alle ihre Nachbarvölker und zwangen ihnen den christlichen Glauben auf. Aber ich wollte die Stimmung lieber nicht verderben. „Setz dich auf das Kissen." Ich holte das letzte Stück Käse aus dem Beutel an meinem Gürtel und überreichte es ihm. „Bitte, greif zu."

„Ich bin Richold aus Aschibrunn", stellte er sich vor und ließ sich neben mir nieder.

„Und ich Siggilind, die Sängerin, aus Birkenholm."

„Und die Tochter des Sängers Bernward. Weiß ich doch längst, das hast du uns jeden Tag am Tor erzählt."

Er hielt den Käse in der Hand, ohne ihn zum Mund zu führen. Neugierig betrachtete er mich. Er hatte kräftiges strohblondes Haar und einen Ansatz von rötlichem Backenbart.

„Hast du keine Angst, allein durch die Wälder zu reisen? Die Wege sind unsicher. Es gibt überall Räuberbanden."

„Der Rabe beschützt mich. Sein Schnabel ist scharf. Und mein Pferd ist schnell."

„Warum willst du unbedingt vor dem Kaiser singen? Warum hasst du ihn nicht, wie dein Vater?"

Ich fühlte, wie ich rot wurde. „Kannst du es ihm und den anderen Sachsen verdenken?", fragte ich, angriffslustiger, als ich beabsichtigt hatte. „Ganze Landstriche sind im Norden verödet. Tausende meiner Landsleute sind gestorben, Dörfer abgebrannt, die Bevölkerung wurde umgesiedelt. Wo früher Sachsen lebten, wohnen jetzt Franken. Die heiligen Bäume wurden gefällt. Überall habt ihr Kirchen gebaut."

„Seid froh, dass ihr getauft seid. Nach eurem Tod kommt ihr in den Himmel und nicht mehr in die Hölle wie früher."

Ich nickte abwesend und starrte nachdenklich auf das hartnäckig verschlossene dunkle Holztor. Seine Frage war berechtigt gewesen: Warum war ich hier, ich, das Sachsenmädchen?

Es waren mehrere Dinge, die mich hierhergezogen hatten. Mein Vater konnte das nicht verstehen, aber mir lag viel daran, vor Karl aufzutreten, von dem ich seit Kindertagen gehört hatte. Jahrelang hatte er mit seinen Heeren aus fränkischen Männern Kriege gegen die Stämme des Sachsenlandes geführt.

Ich dachte an das kleine goldene Kreuz, das meine fränkische Patentante mir geschenkt hatte. Ich trug es unter dem Kleid, sodass man es nicht sehen konnte. Diese Frau, eine Fränkin, die vor fünfzehn Jahren auf dem Weg nach Dorestadt eine kurze Rast in Birkenholm eingelegt und mich zur Taufe* getragen hatte, lebte in Aquis. Berta hieß sie, die Frau eines Mundschenks* im Gefolge des Kaisers. Vielleicht gelang es mir ja, sie hier zu treffen.

Und dann gab es in der Kirche in Aquis die Orgel aus Byzanz, das lauteste und herrlichste Musikinstrument im Frankenreich, ein Geschenk der Kaiser von Ostrom, ein Wunder aus zahlreichen Pfeifen und Blasebälgen. Einige der mit meinem Vater befreundeten Sänger hatten sie schon gehört und schwärmten von ihren unvergleichlichen Tönen. Ich war unglaublich neugierig auf dieses wundersame Instrument.

Leider hatte mein Vater mit seinem sächsischen Dickkopf vor Jahren den feierlichen Schwur abgelegt, niemals am Hof des Frankenkönigs aufzutreten. Er ging natürlich davon aus, dass auch ich mich danach richten würde. Ich aber fühlte mich frei, da zu singen, wo es mir gefiel. Nichts reizt so wie das Verbotene – deswegen war ich nach Aquis aufgebrochen.

„Karl ist ein weiser Herrscher", riss Richold mich aus meinen Gedanken.

Ich hielt die Hände erneut über das Feuer. Der Rabe auf meiner Schulter krächzte kurz auf. Ich war mir nicht sicher, was von Kaiser Karl zu halten war. Was ich bisher von ihm gehört hat-

te, war widersprüchlich. Der Pfarrer erzählte nur Gutes bei den Sonntagspredigten über ihn. Unmöglich konnte er das alles erfunden haben. Mein Vater und die anderen alten Männer in Birkenholm schimpften über ihn, allen voran Häuptling Heiko. Auf alle Fälle war er ein großer Held und tapferer Kämpfer. Das berichteten selbst seine Feinde. Aber er hatte nicht nur Kriege geführt. Er hatte ein Gesetz erlassen, das allen Menschen verbot, am Sonntag zu arbeiten. Die Frauen durften keine Wäsche waschen und keine Wolle spinnen und zupfen. Nicht einmal die unfreien Knechte durften auf dem Feld arbeiten. Stattdessen sollten alle schon am Samstag baden und am Sonntag sauber gekleidet zur Kirche gehen, wo sie sich unterhalten und Lieder singen durften. Dieser König, der die Menschen aufforderte, Lieder zu singen, gefiel mir. Ich ging gerne zur Kirche. Die hölzerne Kirche mit den bunten Heiligenbildern an den Wänden war das schönste Gebäude in Birkenholm.

„Ich habe ein Heldenlied gedichtet", begann ich vorsichtig. Vielleicht konnte dieser Franke mir ja behilflich sein.

„Laudes¹ – ein Loblied über unseren Kaiser? Das ist gut", sagte er. Ich beschloss, mir seine Freundlichkeit zunutze zu machen.

---

¹ Laudes, Laus – *lat. Loblied, Lob*

„Ja, ein Loblied. Es ist nur noch nicht ganz fertig. Ich weiß noch zu wenig über den Herrscher der Franken."

„Nimm den Käse wieder", sagte Richold. „Du hast bestimmt nicht mehr viel zu essen."

„Dann darfst du dich am Milchbrei beteiligen", bot ich an und holte den Holzlöffel aus meinem Gewand. Richold nahm den seinen aus dem Gürtel. Ich stellte den Topf vom Feuer auf den Boden zwischen uns und wir begannen zu löffeln.

„Heiß", murmelte Richold.

„Genau richtig für die Kälte." Ich zog den Wollmantel enger um meinen Körper.

Richold sah mich ernst an. „Sängertochter, ich kann mir einiges denken."

Mir wurde unbehaglich zumute.

„Du bist von zu Hause ausgerissen."

Ich erwiderte seinen Blick.

„Behalt es für dich", sagte ich so würdevoll wie möglich. „Jedenfalls bin ich hier."

„Deine Vorräte sind zu Ende. Du hast keinen Hafer mehr für dein Pferd."

„Verschaff mir einen Auftritt vor dem König", bat ich.

„Es darf hier nicht jeder singen, Siggilind. Du bist nicht in irgendeinem Dorf."

„Auf den Klosterhöfen*, an denen ich vorbeikam, hat man mich ins Haus gerufen und mir zugehört." Die Menschen waren froh über die Abwechslung gewesen und beschenkten mich

mit Futter für mein Reittier, Brot und Käse.

„Wer in Aquis singt, muss sich die Erlaubnis von Einhard holen."

„Von Einhard? Dann führ mich zu ihm."

Er kratzte sich am Kinn.

„Einhard ist ein wichtiger Mann am Hof, ein Freund und Tischgenosse des Kaisers. Man kann nicht einfach zu ihm gehen."

„Wie sieht er aus?"

„Du erkennst ihn leicht. Er ist klein und eifrig. Er scheint an mehreren Orten gleichzeitig zu sein, so schnell bewegt er sich hin und her. Er hat rote Haare und trägt einen lindgrünen Mantel."

„Und was tut er?"

„Er beaufsichtigt die Baumeister und ihre Bauten in der Pfalz, die Goldschmiede und Buchmaler. Außerdem berät er den Kaiser und überprüft die Fortschritte der Schüler in der Hofschule. Auch für die Sänger ist er zuständig."

„Uff. Das ist eine Menge."

„Alle nennen ihn Nardulus, die Ameise, weil er so emsig ist."

Richold erhob sich und reichte mir eine Pökelwurst. Das Wasser lief mir im Mund zusammen. „Die habe ich dir mitgebracht. Danke für den Brei. Darf ich wiederkommen?"

„Wenn du mich in die Pfalz hineinbringst."

„Ich kann dich nicht einfach hineinlassen." Er runzelte sorgenvoll die Stirn. „Das ist zu gefährlich für mich. Ich bin auch nur ein Diener. Aber morgen früh kommen viele Lieferungen für die Pfalz. Ich könnte meinen Kameraden eine Zeit lang wegschicken, und wenn du es geschickt anstellst, werde ich ...", er grinste leicht, „dich einfach übersehen. Und dann ist es an dir ..." Er lächelte mir zu und trollte sich hinüber zu den anderen Wächtern am Tor. Einmal drehte er sich um und winkte.

Ich spürte die Kälte nicht mehr, als ich mir die Wurst schmecken ließ. Jetzt wusste ich, was zu tun war. Ich musste mit dem Mann im grünen Umhang sprechen.

Franken und Sachsen

Bis zum Jahr 450 n. Chr. war das Römische Reich die beherrschende Macht in Europa. Rom hatte rund um das Mittelmeer ein riesiges Weltreich errichtet, das auch das heutige Frankreich und Teile von Deutschland umfasste. Schon lange vor dem endgültigen Zerbrechen der gut befestigten Grenzen hatten germanische Stämme ihr Glück auf der anderen Seite des Limes, des römischen Grenzwalls, gesucht – teils friedlich, indem sie als Söldner in römische Dienste traten, teils kriegerisch, wenn sie brandschatzend zu Raubzügen auszogen.

Franken nannten sich neun westgermanische Stämme, unter ihnen die Salier, Ripuarier (die „Uferbewohner" des Rheins), Chamaven und Chatten (im heutigen Hessen lebend) und die Sigambrer, die immer wieder einmal über den Rhein ritten und römisches Gebiet angriffen, dann aber im 3. und 4. Jahrhundert als Bundesgenossen in römische Dienste traten und sich westlich des Rheins ansiedelten. Gegen Ende des 5. Jahrhunderts zerfiel das Römische Reich. Im Osten Europas existierte es als das Byzantinische[*] oder Oströmische Reich weiter, das Weströmische Reich löste sich auf. An seine Stelle traten verschiedene andere Herrscher.

Der fränkische Merowingerkönig Chlodwig I. (466–511) einte die Franken unter seiner Herrschaft und schuf ein neues Großreich zwischen Rhein und Pyrenäen. 3000 Männer aus seinem Heer nahmen mit ihm zugleich durch die

Taufe das Christentum an. Danach bekehrte sich das gesamte Frankenreich zwischen dem Fluss Loire und dem Gebiet der Sachsen und Thüringer zum katholischen Glauben, im Gegensatz zu den arianisch-christlichen* Langobarden und Gothen.

Der gemeinsame Glaube versöhnte auch die in lateinischen Dialekten sprechende römisch-gallische Bevölkerung in den einstmals römischen Städten mit den zugewanderten Franken. Im Frankenreich wurden in den nächsten Jahrhunderten zwei Sprachen gesprochen: *Thiudsk** und die lateinische Volkssprache. Das Latein der Schriftsteller römischer Zeit wurde nur noch von Geistlichen und Gebildeten, als Sprache bei Hof und der Kirche, verwendet. Im Westen des Reichs sprach man lateinische Dialekte, das „Volkslatein", zwischen Trier und Koblenz „Moselromanisch". Die Schriftsprache für Urkunden und Dokumente blieb Latein.

Die Franken lebten weitgehend von Ackerbau und Viehzucht, meist in kleinen Ansiedlungen in der Nähe von Bachläufen. Ihre Häuser waren aus Holzbalken konstruierte Fachwerkbauten, auch in den Gegenden, in denen die Römer früher steinerne Gebäude errichtet hatten.

Chlodwigs Taufe. Buchmalerei aus dem 14. Jahrhundert

Das Fränkische Reich

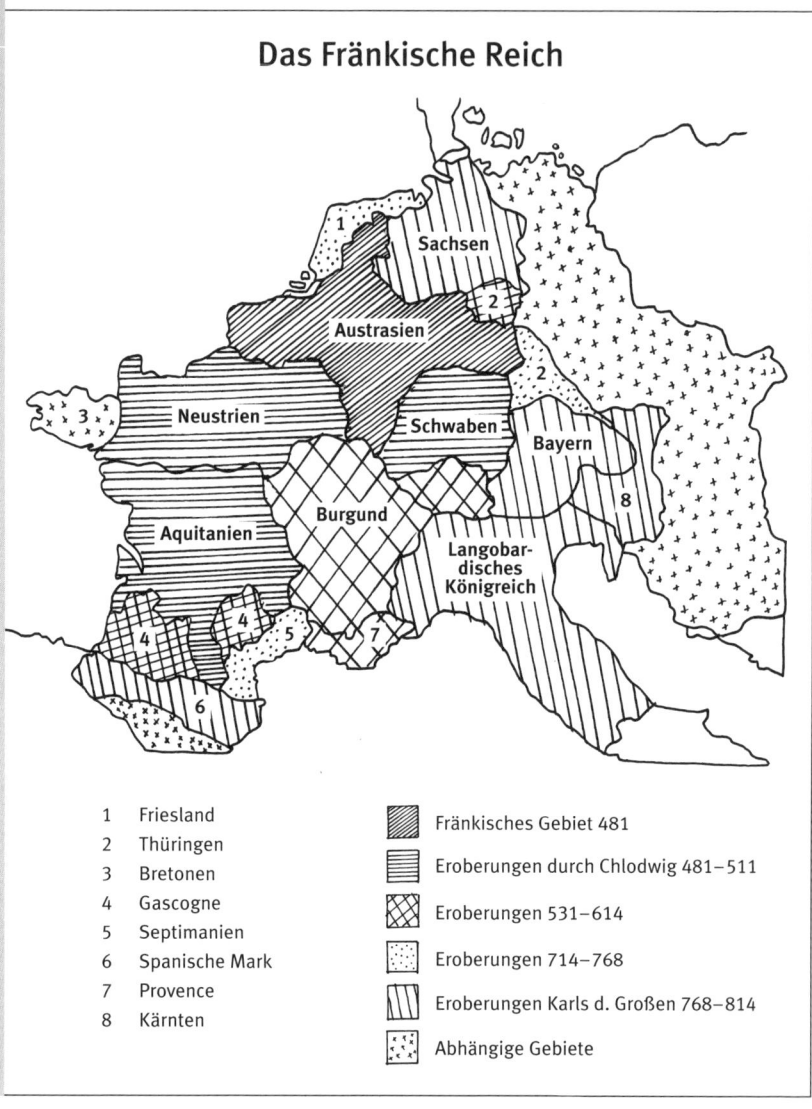

1 Friesland	▨ Fränkisches Gebiet 481
2 Thüringen	
3 Bretonen	▤ Eroberungen durch Chlodwig 481–511
4 Gascogne	▨ Eroberungen 531–614
5 Septimanien	
6 Spanische Mark	⣿ Eroberungen 714–768
7 Provence	
8 Kärnten	⦚ Eroberungen Karls d. Großen 768–814
	▦ Abhängige Gebiete

Die **Sachsen** waren ursprünglich seefahrende Nordgermanen, die mit Schiffen östlich der Elbmündung eingetroffen waren und die Thüringer bekämpft hatten. Zur Zeit Karls des Großen, im 8. Jahrhundert, bildeten sie verschiedene Stämme, von denen einige gemeinsam mit den Angeln das heutige England erobert hatten. Die verbliebenen Stammesgenossen siedelten in Nordwestdeutschland.

Die sächsischen Stämme hatten keinen König, sondern hielten eine jährliche Versammlung in Marklo an der Weser ab. Es gab bei ihnen die Edelinge (Adlige), Frilinge (Freie) und Laten (Unfreie). Die Edelinge waren die führende Schicht mit großem Landbesitz. Sie hielten strengste Distanz zu den beiden niederen Schichten. Edelinge und Frilinge durften bei Todesstrafe nicht untereinander heiraten.

Die Sachsen wohnten in dreiteiligen Gehöften, den Wohn-Stall-Häusern. Es existierten auch Dörfer, aber bis zur Einführung des Christentums keine Steinbauten. Man ernährte sich von Ackerbau und Viehzucht. Berühmt waren die sächsischen Pferde. Seit 758 mussten die Sachsen den Franken 300 Pferde pro Jahr als Tribut liefern. Die Frankenkönige versuchten seit jeher, die Sachsen von ihren Grenzen fernzuhalten und sie zu Tributen zu verpflichten.

Die Franken sahen auf die Sachsen herab, da ihnen ein König und der christliche Glaube fehlten und sogar Kannibalismus bei ihnen vorkam.

Die Könige der Franken

Die ersten bekannten Frankenkönige stammten aus dem Geschlecht der Merowinger. Sie herrschten über Teile der ehemaligen römischen Provinzen Gallia, Belgica und Germania, in etwa auf dem Gebiet der heutigen Beneluxländer, Teilen von Frankreich und Nordrhein-Westfalen. Für ihren Urahnen hielten sie ein Meerungeheuer namens Mero. Die Könige der Merowinger trugen bis zur Hüfte wallendes Haar und lange Bärte, die sie im Lauf ihres Lebens niemals schnitten. Wurde ihm das Haar geschoren, war der Merowingerkönig amtsunfähig geworden. Die Merowingerkönige verstanden sich als Priesterkönige, für die weltlichen Tagesgeschäfte waren ihre Hausmeier* zuständig.

Einzelheiten sind über **Childerich** (gest. 482) bekannt, den Sohn des Frankenkönigs Merowech. Er verehrte noch die germanischen Götter, unterhielt aber gute Beziehungen zum Bischof in Reims. Als römischer Verbündeter kämpfte er gegen die Westgoten.

Sein Sohn **Chlodwig** (466–511) beseitigte im Jahr 486 den letzten Rest römischer Herrschaft. Chlodwig wurde so *rex* (König) des ganzen Frankenreichs. Seine Schwester heiratete den Ostgotenkönig Theoderich, er selbst die burgundische Katholikin Klothilde, die ihn zum Christentum bekehrte. Damit war die Bekehrung der Franken eingeleitet.

Dagobert II. (reg. 675–679) wurde von seinen Untertanen geliebt und nach seinem Tod heilig gesprochen. Nach ihm verloren die Merowinger an Einfluss. Ihre Hausmeier kümmerten sich immer mehr um die Staatsgeschäfte. Sie stammten aus dem mächtigen Adelsgeschlecht der Arnulfinger-Karolinger* und stützten ihre Machtstellung auf großen zusammenhängenden Grundbesitz an Maas und Mosel. Der karolingische Hausmeier **Karl Martell*** (Karl „der Hammer", 686–741) schlug die Sarazenen bei Poitiers zurück. Für längere Zeit ließ er den Thron unbesetzt und regierte selbst, ohne den Königstitel anzunehmen. Diesen Schritt vollzog

erst sein Sohn **Pippin*** (reg. 754–768). **Childerich III.,** der letzte Merowingerkönig, wurde geschoren und in einem Kloster inhaftiert. Pippin ließ sich zum König ausrufen, mit der Zustimmung des Papstes*, der die Franken verpflichtete, auch in Zukunft ihre Könige nur aus der Familie seines Freundes und Beschützers Pippin zu erwählen. So kam es zur Herrschaft der Karolinger. Die Frankenkönige waren von nun an kurzhaarig mit der Ponyfrisur der Römer und dem langen fränkischen Schnurrbart.

Pippin vererbte das Frankenreich 768 an seine beiden Söhne **Karlmann** (751–771) und **Karl** (748–814), der später den Beinamen „der Große" trug. Karlmann starb bald und Karl übernahm seinen Reichsteil. Es gelang ihm in den

Karl Martell. Kupferstich aus dem 19. Jahrhundert

folgenden Jahrzehnten, durch seine Eroberungskriege das Gebiet des Frankenreichs fast zu verdoppeln. Er begnügte sich nicht mit der Eroberung, sondern bemühte sich, die neuen Untertanen zu Christen zu machen. Am Weihnachtstag im Jahr 800 krönte ihn der Papst in Rom zum Kaiser. Zeitgenossen sahen in Karl den Nachfolger der römischen Kaiser, nachdem es mehrere Jahrhunderte lang keinen Kaiser mehr im Westen gegeben hatte. Ostrom musste sich mit dem Nebenkaiser, dem „kaiserlichen Bruder" abfinden; es blieb nichts anderes übrig, als sich mit dem mächtigen Frankenherrscher zu arrangieren.

Schon vor dem Tod **Karls des Großen** 814 wurde sein Sohn **Ludwig***, genannt „der Fromme" (reg. 813–840), zum Mitkönig ernannt, nach dem Tod des Vaters übernahm er die Herrschaft über das Frankenreich. Diesem jüngsten Sohn Karls fehlten Selbstbewusstsein und Tatkraft des Vaters. Er war nachdenklich und grüblerisch. Ludwig gelang es nicht mehr, die Grenzen des Frankenreichs zu sichern – dieses war mittlerweile ein Gebiet von ungefähr 1 200 000 Quadratkilometern mit, grob geschätzt, zehn bis 12 Millionen Bewohnern.

Nach Karls Tod begann der Verfall des von ihm zusammengehaltenen und erweiterten Frankenreichs. Noch zu Lebzeiten Ludwigs stritten seine Söhne um ihren Erban-

l Bildnismünze Karls des Großen mit dem Titel IMP[erator]

teil. Die Enkel Karls, die Söhne seines Sohnes Ludwig des Frommen, fochten erbitterte Kriege um ihre Gebietsansprüche gegeneinander aus. Die jahrzehntelange Friedenszeit war unwiederbringlich vorbei. Die Kriege im Inneren des Frankenreiches schwächten die Macht der Franken und stärkten die Gegner.

Am meisten profitierten davon die Normannen, räuberische Kriegerscharen aus den skandinavischen Ländern. Sie kamen mit Hunderten von Schiffen, mit ihren schwarzen Segeln ein furchterregender Anblick, und fuhren die Flussläufe entlang. In den folgenden Jahrzehnten verschonten sie kein Kloster und keine Stadt, auf die sie trafen. Menschen, Vieh, Klosterschätze, der Reichtum in den Städten, nichts war vor ihnen sicher.

Es bildeten sich schließlich aus dem Frankenreich Karls des Großen das Westfränkische Reich, aus dem später Frankreich wurde, und das Ostfränkische Reich, das sich schließlich zum Heiligen Römischen Reich Deutscher Nation entwickelte. Im Westfränkischen Reich herrschten noch bis ins 10. Jahrhundert Nachkommen der Karolinger.

Die Sachsenkriege

Nach dem Tod von Karls Vater Pippin im Jahr 768 verweigerten die Sachsen den Franken die jährliche Tributzahlung. Als einziger westgermanischer Stamm lebten sie im Gebiet von Nordsee, Harz, Rhein und Elbe außerhalb des fränkischen Machtbereichs in vier Großgauen: Westfalen, Engern, Ostfalen und Nordelbien. Häufig kam es zu Grenzstreitigkeiten mit den fränkischen Nachbarn. Ab 772 zog Karl immer wieder gegen sie zu Felde. Jeder Unterwerfung folgte die Christianisierung der Unterworfenen, oft gegen den Willen der Getauften, die nach dem Abzug der Franken die Priester davonjagten und die Kirchen abbrannten.

772 gelang es den Franken, die „Irminsul" zu zerstören, eine hölzerne Säule des sächsischen Gottes Irmin, die den

Karl der Große zerstört die Irminsul. Fresko aus dem 19. Jahrhundert

24

Sachsen als „Weltsäule" galt. An ihrer Stelle wurde eine dem heiligen Petrus geweihte Kirche errichtet.

Aber die Franken brauchten Jahrzehnte, um die immer wieder aufzüngelnden Aufstände der Sachsen niederzuschlagen. In den 13 Jahren zwischen 772 und 785 wurden 15 Verträge zwischen Franken und Sachsen geschlossen und gebrochen. Die strenge Gesetzgebung Karls führte nach den ersten Siegen zu blutigen Unruhen. Den erbitterten Widerstand in mühseligen Kleinkriegen organisierte Karls größter Gegner Widukind[*] (643 – ca. 807) unermüdlich aufs Neue. An einem einzigen Tag des Jahres 782 ließ Karl 4500 Sachsen enthaupten. Diese Massenhinrichtung entsetzte sogar die Zeitgenossen. Doch auch Widukind und seine Mitkämpfer verbreiteten im Frankenreich Angst und Schrecken. Erst nach zwei für die Sachsen verlorenen Schlachten und einem Friedensangebot ergab sich Widukind und ließ sich 785 in der Pfalz Attigny mitsamt seinem Gefolge taufen; Karl selbst war sein Taufpate.

Auch in den nächsten 20 Jahren flackerten die Unruhen immer wieder auf. Im Gegensatz zu den Franken bildeten die Sachsen keinen geschlossenen Staat. Friedensschlüsse und Bündnisse mit einem Stammesteil waren für andere nicht verpflichtend. Doch von Alkuin, seinem angelsächsischen Berater, ermahnt, bemühte Karl sich jetzt um Milde. Sachsen und Franken wuchsen schließlich doch zu einem Volk zusammen. Die sächsischen Gaue gehörten nunmehr zum Frankenreich und wurden von Gefolgsleuten Karls, zunächst fränkischer, bald auch sächsischer Herkunft, verwaltet. Überall wurden Klöster errichtet.

Im Inneren der Pfalz

Der Rabe Odo stelzte behutsam über mein Gesicht und pickte nach meiner Nase – seine Art, mich zu wecken.

„Ich komme ja schon." Damit wälzte ich mich auch schon aus den Schaffellen hervor und zog die Stiefel über die vom Schlaf durchwärmten Füße. Die Ledertür des Zelts wurde aufgeklappt und ein Laib Brot flog herein, wie in einem der Märchen, die meine Großmutter mir manchmal vor dem Einschlafen vorsang. „Das ist von Richold", sagte ich mir. Der Tag begann vielversprechend. Ich griff nach dem Topf mit Dickmilch, brach Stücke vom Brot ab und tunkte sie hinein, während Odo begeistert ein Stück Kruste verzehrte.

Mit dem Fuß öffnete ich die Tür und kletterte hinaus. Die Sonne schien und der Sturm hatte sich gelegt. Nur ein paar harmlose weiße Wölkchen standen am Himmel. Die Stute schnupperte an meinen Schultern und ich reichte ihr die Brotreste.

„Heute werde ich vorsingen", sagte ich und streichelte ihre Nüstern. „Danach gibt es Hafer und frische Gerste für dich."

Die Flügel des Holztores der Pfalz standen offen. Weit und breit war kein Wächter zu sehen. Ein paar Bäuerinnen mit Geflügel in Holzkäfigen kamen die Straße herauf, zwei klobige Holzkarren mit Ochsen davor folgten ihnen. Richold trat aus dem Tor und hielt den ersten Karren an. Er sah zu mir hin und forderte dann den Bauern auf dem Wagen auf, ihn einen Blick auf seine Ladung werfen zu lassen. Gemeinsam gingen sie nach hinten.

Diese Gelegenheit musste ich nutzen.

Ich legte die Bernsteinkette um den Hals und griff nach der Leier. Odo saß bereits auf meiner Schulter. Wenig später hatte ich die Pfalz Aquis auch schon betreten. Die alte Pflasterstraße aus den Zeiten der Heiden führte geradewegs in sie hinein. Hinter der aus Backsteinen erbauten gewaltigen Umfassungsmauer befanden sich zahlreiche ein- bis zweistöckige Fachwerkhäuser. Nur wenige Schweine liefen hier herum und auf den Straßen und Zwischenräumen zwischen den Häusern lag kein Abfall, so als hätten eifrige Diener gerade alles gefegt. Die Misthaufen dampften in der Kälte. Zum Glück schenkten mir die Scaramänner zwischen den Häusern keine Beachtung. Unter all den Leuten, die umherliefen, fiel ich nicht auf.

Mein Herz klopfte heftig vor Aufregung. Nur selten hatte ich eine solche Ansammlung der verschiedensten Menschen gesehen. Vor allem die vielen Kleriker* erschreckten mich. Von Kind auf hatten Vater und Mutter mir eingeschärft, dass man sich vor ihnen in Acht nehmen musste und ihnen, wenn möglich, aus dem Weg ging. Hilflos ließ ich meinen Blick schweifen. Wie sollte ich in diesem Getümmel Einhard finden, den wichtigen Mann? Da blieb ein Kleriker mit geschorenem Kopf auch schon vor mir stehen.

„Gott sei mit dir, Kind", sagte er. „Wo willst du hin mit deinem schwarzen Vogel?"

„Ich muss mit Einhard sprechen", sagte ich und log schnell: „Er wartet auf mich."

Der Kleriker sah mich erstaunt an.

„Sagt mir bitte, wo ich ihn finde. Es ist von großer Bedeutung."

„Du bist nicht von hier", stellte er fest.

„Ich komme von weit her." Ich war fest entschlossen, mich nicht abwimmeln zu lassen.

„Und was führt dich, eine Sächsin, nach Aquis?"

„Unser Priester aus Birkenholm schickt Einhard diesen zahmen Raben zu", log ich mit dem Mut der Verzweiflung.

„Das muss ja ein ganz besonderes Tier sein", lachte er und griff nach Odo, der verärgert nach seinem Finger hackte. „Bestie", schimpfte er und wich zurück. „Teufels-

tier! Dir sollte man doch –" Blut floss von seinem Finger. Ich war selbst erschrocken über Odos Untat.

„Er kann das Vaterunser sprechen", sagte ich.

„Was?" Vor Überraschung trat er einen Schritt zurück. „Das ganze Vaterunser?"

„Das ganze auf Latein. Und jetzt lasst mich bitte wissen, wohin ich ihn bringen soll." Ich war rot vor Aufregung und meine Stimme zitterte ein wenig.

Der Mann mit der Tonsur* leckte seinen Finger ab, sah aber wieder freundlich aus.

„Hoffentlich habe ich Gelegenheit, auch einmal diesem gelehrten Tier zuhören zu dürfen", sagte er. „Es ist mir eine Ehre, dich und den Raben bis zur Tür des Sekretärs zu begleiten."

Er ging eilig voran und ich folgte ihm.

„Einhard wird sich sehr freuen und viele andere Franken auch. Der Rabe galt als das heilige Tier des Sachsengötzen Odin*. Jetzt, nach der Taufe eures Stammes, kann ein solches das Vaterunser auf Latein sprechen – welch ein Wunder." Der Kleriker blieb vor einem Portal stehen. „In diesem Gebäude wirst du Einhard finden. Geh die Treppe hoch und frag nach ihm. Wenn einer dich aufhalten will, dann sag, Angilbert schickt dich und kommt gleich nach. Ich will nur noch Hildebad holen, damit auch er das Wunder sehen kann."

„W-wer ist Hildebad?"

„Der Hofkapellan*", erklärte er mir freundlich lächelnd. „Geh schon hinauf. Wir kommen gleich."

Pfalzen und Hofgüter des Königs

Die mit dem Schiff befahrbaren Flüsse waren die wichtigsten Verkehrsadern des Frankenreichs, die „Autobahnen" der Karolinger: Rhein, Main, Maas und Mosel. Nicht nur für den Warenverkehr, sondern auch für alle Unternehmungen Karls waren sie bedeutend. Da Karl der Große ebenso wie die früheren Frankenkönige ständig unterwegs war („Reisekönigtum"), um in seinem weitläufigen Reich präsent zu sein, bestand im gesamten Reich ein dichtes Netz aus königlichen Hofgütern zur Versorgung des Königs und seines Gefolges. Auch reisende Adlige mit ihren Truppen machten hier Station. Doch die Hofgüter, auch Königsgüter genannt, konnten diese Versorgung nur für kurze Zeit leisten, deshalb zog der König regelmäßig weiter zur nächsten Versorgungsstelle.

Rekonstruktionsmodell der Kaiserpfalz Ingelheim

Die Pfalzen waren befestigte Orte für längere Aufenthalte des Herrschers mitsamt seinem Hofstaat und den nötigen Truppen. Sie waren große bäuerliche Güter im Besitz des Königs mit einem zusätzlichen *palatium* (Palast). Es gab eine Königshalle *(aula)* für Gelage und die Rechtsprechung, Wohnungen für die Königsfamilie und die Gefolgsleute, die *capella,* in der die Reliquien der Heiligen aufbewahrt wurden, den Marstall für die Pferde, Vorratsgebäude, Waffenkammern, Gästehäuser und ein Badegebäude. Außerhalb der Mauern lag ein Gutshof zur Versorgung. Außerdem waren Handwerker und Händler angesiedelt. In den Pfalzen feierte der König die wichtigsten Feste des Jahres, Weihnachten und Ostern, empfing ausländische Gesandtschaften und veranstaltete in den umliegenden Wäldern die großen Herbstjagden.

Aachen[*] war die Pfalz, die Karl im Alter zu seinem Dauerwohnsitz machte, zu einer festen Residenz mit allen Bequemlichkeiten und einer noch heute erhaltenen prächtigen Kirche für die Gottesmutter. Die warmen Heilquellen des Ortes halfen dem alternden Karl gegen seine Gichtanfälle. Auch Schatzkammer und Wohnturm des Kaisers sind heute noch teilweise zu besichtigen, ebenso der Thron aus italienischem Marmor, der bronzene Pinienzapfen und die römische Wölfin, eigentlich eine Bärin aus Bronze. Es gab zu Karls Lebzeiten auch einen Tiergarten mit einem weißen Elefanten, dem Geschenk des Kalifen Harun ar-Rashid von Bagdad.

Der fränkische Bauer

Die meisten Franken lebten von der Landwirtschaft – ebenso wie der König, der stolz darauf war, sich und sein Gefolge aus dem Ertrag der eigenen Hofgüter zu versorgen. Die Franken zogen Vieh und trieben Ackerbau. Da die Ernährung viel Gemüse enthielt, gehörte zu jedem Haus und größerem Anwesen ein Gemüsegarten. Besonders die Klöster zogen zahlreiche Obstsorten, außerdem Kräuter. Letztere waren sehr wichtig in der medizinischen Versorgung. Der König schrieb seinen Hofgütern genau vor, was für seinen Verbrauch und den seines Gefolges anzupflanzen war und in welchen Mengen, darunter befanden sich Esskastanien und verschiedene Apfelsorten. Ebenso war festgelegt, welche Tiere für die Fleischversorgung bereitgehalten werden mussten: u. a. Hunderte von Hühnern, Enten und Gänsen.

Der einfache Mensch auf dem Land lebte von schlichten Speisen und hauptsächlich von Getreidebreien, zum Teil gekocht wie die italienische Polenta, jedoch aus Gerste, Hafer und Dickmilch. Dickmilch und Brei gehörten zur täglichen Ernährung. Brot war aufwendiger und eher Privileg der Bessergestellten. Roggenbrot war die Nahrung der Ärmeren, Weizenbrot die der Reicheren. Am Hof und in den Anwesen der Vornehmen spielte Fleisch eine große Rolle. In den religiös bedingten Fastenzeiten gab es Fisch und zur Stärkung Bier. Selbst tierische Fette wie Schweineschmalz waren während des Fastens verboten und wur-

den durch Butter und Öl ersetzt. Gesüßt wurde mit Honig, Gewürze kamen aus dem Orient und waren teuer, aber begehrt.

Viele sättigende und eiweißreiche Nahrungsmittel, Gemüse und Obstarten der heutigen Zeit gab es noch nicht – Mais, Reis, Kartoffeln, Tomaten, Nudeln, verschiedene Bohnenarten. Das Angebot war viel schlichter als heute. Man ernährte sich von Produkten aus der näheren Umgebung und von dem, was die Jahreszeit wachsen ließ. Beerenobst, Wurzelgemüse und Pilze wurden gesammelt und bereicherten die Speisekarte. Im Winter verzehrte man Würste und Schinken und fast immer wurde das Brot knapp.

Die Werkzeuge der Bauern bestanden überwiegend aus Holz. Eisengeräte waren Sicheln, Sensen und Spaten. Teilweise wurde auch schon der schwere Räderpflug eingesetzt, zu dessen Herstellung aber viel Eisen benötigt wurde. Zur Bodendüngung wurden die Stoppeln auf dem Feld abgebrannt, aber man begann, auch mit Mergel* den Boden zu verbessern. Die Ernten brachten bescheidene Er-

| Fränkischer Bauer hinter dem Pflug

träge im Vergleich zu heutiger Landwirtschaft; immer wieder kam es zu Ernteausfällen und Hungersnöten über weite Landstriche.

Der Weinanbau spielte in den südlicheren Gegenden eine große Rolle: Wein desinfizierte das Wasser. Dieser Zusammenhang war den Menschen damals bekannt. Insofern war es bei verunreinigtem Trinkwasser lebenserhaltend, den Trunk Wasser mit Wein zu vermischen. So hatten es schon die Römer gehalten.

Im Jahr 795 erließ Karl mehrere Verordnungen zum Weinanbau. Er verbot, die Trauben mit den Füßen zu stampfen. Holzfässer mit Eisenringen statt der ledernen Schläuche sollten zur Lagerung genutzt werden. Übermengen waren zu melden. Jedes Hofgut musste über die Weinernte und die Vorräte Buch führen. In seiner Regierungszeit wurden die Anbauflächen der Reben vergrößert und die Qualität verbessert. Für jede kirchliche Messe brauchte man Wein.

Wassermühlen waren wichtige Zentren. Zur Zeit Karls wurden mehr und mehr solcher Wassermühlen gebaut, ein Hinweis darauf, dass mehr Brot verzehrt wurde als früher. Das am Main gelegene von Einhard gegründete spätere Seligenstadt hieß ursprünglich Mulinheim. Ein weiterer fränkischer Ort „Mühlheim" lag ebenfalls am Main.

Einhard, der wichtigste Mann am Hof

Auch im Inneren des Hauses war alles gefegt und sauber. Zum ersten Mal in meinem Leben sah ich eine Treppe aus großen Steinquadern. Bei uns in Birkenholm führten einfache Holzleitern zu den oberen Geschossen und zum Heuboden. Nur die im Haus des Häuptlings Heiko war mit einer Haltestange ausgestattet.

Es roch nach Weihrauch und Wachskerzenlicht, ein Duft fast wie in der Kirche. Ein leichter Schwindel über meine Kühnheit erfasste mich. Odo krächzte halblaut. Mönche mit Pergamenten* in den Händen hasteten die Stufen hinab, ohne mir Beachtung zu schenken. Im ersten Stock des Gebäudes angekommen, sah ich beeindruckt auf einen schweren roten Vorhang vor einem runden Türbogen. Ich musste es wagen.

Entschlossen zog ich den Stoff zur Seite und trat ein. Große rundbogige Fenster gaben dem Raum vor mir helles Licht. Mehrere viereckige Eichentische standen im Zimmer. An den Fenstern hockten Mönche auf bequemen Stühlen, die Füße auf eine kleine Ablage gesetzt, und kritzelten auf große Bögen mit ihren Gänsekielen. Jeder hatte ein Tintenhorn* an seinem Pult befestigt. Vor ihnen waren schwere Bücher aufgestellt. Die kostbaren Bände waren zu ihrem Schutz mit eisernen Ketten festgebunden. Bei diesem Anblick überkam mich Ehrfurcht. In Birkenholm gab es nur ein einziges Buch, das Evangelium des

Pfarrers. „Niemand darf es anfassen, außer mir. Ein Buch ist noch wunderbarer als unsere Reliquie", sagte er immer. Ich befand mich im Arbeitszimmer des kaiserlichen Secretarius, ohne mir der Bedeutsamkeit dieses Raums bewusst zu sein.

Auf dem langen mittleren Tisch befanden sich hölzerne Bauwerke, wie Kinderspielzeug anzusehen. Ein klein gewachsener Mann mit rotem Lockenkopf stand davor und fügte Holzstäbchen und Klötze zu einem dieser Modelle. Er sah aus wie ein in sein Spiel vertieftes Kind.

Odo krächzte aufgeregt. Jetzt drehte sich der Mann zu mir um und hob erstaunt die Augenbrauen.

„Ich suche Einhard", stieß ich hervor. „Angilbert schickt mich und lässt ausrichten, dass er gleich kommt."

„Und wer bist du?", wollte er wissen.

„Ich bin Siggilind, die Tochter des Sängers Bernward."

„Meinst du den Sachsen, der sich weigert, vor dem Kaiser zu singen?"

„So ist es", sagte ich.

„Dann kommst du vermutlich mit einer Botschaft deines Vaters?" Ich lief rot an. Ich wollte nicht mehr lügen als unbedingt nötig. „Ich bringe diesen Raben, ein ganz besonderes Tier. Er spricht das Vaterunser auf Lateinisch."

---

2 Secretarius – *Titel eines gehobenen Schreibers der Hofkanzlei mit juristischen Kenntnissen*

„Welch eine Freude." Mit ausgebreiteten Armen kam er näher auf uns zu. Odo gab ein misstrauisches tiefes Knurren von sich. „Der Sachse Bernward schickt uns seinen Raben, der das Vaterunser sprechen kann."

„Könnt Ihr mir sagen, wo sich Einhard befindet?"

Der Mann lachte mich freundlich an. „Er steht vor dir. Und jetzt wollen wir den gelehrten Raben hören."

Das war der Moment, in dem, geführt von Angilbert, eine Schar von mindestens 20 Geistlichen, Nonnen und Mönchen aufgeregt tuschelnd durch die Tür kam. Alle Blicke richteten sich erwartungsvoll auf mich und Odo.

„Räk, käk!", schrie er, beunruhigt durch die Anwesenheit so vieler Unbekannter, und bewegte die gestutzten Schwingen.

„Was sagt das Tier?"

„Rak, knak", knurrte Odo.

„Er wird gleich beten", versicherte ich. „Zuerst aber möchte ich zur Einstimmung das Loblied auf den Kaiser singen."

Ich griff zur Leier und stellte mich auf einen Stuhl, damit alle im Saal mich hören konnten. Odo flatterte auf Einhards Schulter. Ich wunderte mich, doch ich war entschlossen, meine Chance nicht zu verspielen. Ich hatte kaum begonnen, als mein Blick auf Richold fiel, der sich mit energischen Armstößen vordrängte. Offensichtlich hatte er nicht damit gerechnet, dass ich so schnell zu Einhard vordringen würde. Er verschränkte die Arme auf dem Brustteil seines Kettenhemds und sah aus, als wollte er mich am liebsten wieder von meinem Stuhl herunterheben.

Ich begann mein Lied.

„Jetzt haben wir Kirchen, jetzt dürfen wir singen...,"

Schnell gewann meine Stimme an Sicherheit. In dem steinernen Gebäude klang sie besser als im Freien. Die Zuhörer waren mucksmäuschenstill und als Tochter aus einer Sängerfamilie spürte ich, dass ihnen mein Lied gefiel.

„... und am Sonntag erholen wir uns,

Knechte und Freie, Frauen und Kind.

Danke, Karolus, dass wir jetzt Christen sind."

Als ich mit meinen drei Strophen fertig war, blieb ich noch einen Moment auf dem Stuhl stehen und verneigte mich. Einhard

klatschte begeistert und die anderen taten es ihm nach. Richold stand völlig verdattert da, wahrscheinlich hatte er noch nie eine so gute Sängerin erlebt.

„Eine erstaunliche Stimme und ein erstaunliches Lied", rief Einhard aus, als der Beifall zu Ende war. „Und das Erstaunlichste daran ist, dass du, die Sächsin, Bernwards Tochter, es singst."

„Glaubt Ihr, ich kann es auch dem Kaiser vortragen?"

Einhard tauschte einen Blick mit Angilbert. Neben dem hünenhaften Kleriker wirkte der Nardulus noch kleiner.

„Es würde auch dem Dominus Karolus gefallen", sagte Angilbert. „Aber er will es immer ausführlich haben. Und ein paar gelehrte Einzelheiten würden ihn erfreuen."

„Gelehrte Einzelheiten?", fragte ich verwirrt.

„Jedenfalls musst du noch einige Strophen einfügen", erklärte Einhard.

„Noch einige Strophen?"

„Selbstverständlich. Du musst all die großen Taten unseres Herrschers loben. Ein solch kurzes Lied kannst du auch über einen heidnischen Sachsenhäuptling dichten", meinte Angilbert wegwerfend. Dann wandte er sich an Einhard. „Sie muss sich hier umsehen. In ihrem Loblied sollen die Pfalz Aquis vorkommen, die Marienkirche und die Schätze im Turm", schlug er vor.

„Ein Loblied ohne die Erwähnung der neuen Bauwerke ist unhöflich."

„Aber wie soll ich –"

3 Dominus – *lat. Herr*

„Richold und Grimo werden dir dabei behilflich sein. Sieh zu, dass du die Wohltaten unseres Herrschers erwähnst und den Segen, den seine Regierung für das Frankenreich bedeutet."

Einhard winkte einen beleibten kleinen Mann heran, der eine seltsame Kopfbedeckung trug und aus flinken braunen Augen frech herumschaute. „Das ist Grimo, der Spaßmacher und Unterhalter des Kaisers. Er kann lesen und schreiben und kennt alles und jeden. Er wird dich überallhin führen."

Er schwieg einen Moment, um uns Zeit zu geben, miteinander bekannt zu werden. „Wenn ihr mit der neuen Fassung fertig seid, möchte ich sie noch einmal korrigieren. Dann kann sie auch der Kaiser beim Abendessen hören."

„So umständlich arbeiten die Sänger in Sachsen nicht", wandte ich ein.

„Wir sind bei Hofe", erklärte Richold. „Hier hat alles Regeln und Ordnung. Dass sich einer einfach hinstellt und drauflossingt, das geht nicht."

„Das ist der Unterschied zwischen einer fränkischen Königspfalz und einem sächsischen Dorf", fügte Grimo hinzu.

„Jetzt soll der Rabe beten", ließ sich Angilbert mit seiner tiefen Stimme vernehmen. Alle Blicke richteten sich wieder auf Odo, der immer noch auf Einhards Schulter saß, als gehöre er dorthin. In der Freude über meinen Auftritt hatte ich ihn fast vergessen.

Richold sah mich besorgt an. „Geht es dir gut? Du siehst so blass aus?"

Einhard – das Multitalent

Einhards adlige Eltern aus dem Maingau schickten ihren Sohn (um 770–840) schon früh zur Erziehung in das Kloster Fulda. Dort lernte er nicht nur lesen, schreiben und rechnen, sondern auch Grammatik und Bibelauslegung. Danach durfte er Urkunden schreiben. Etwa 794 nahm sein Abt Baugulf den intelligenten jungen Mann mit an den Hof Karls des Großen. Dort vervollständigte er seine Bildung an der Hofschule unter der Anleitung des Angelsachsen Alkuin.

Zwei Jahre später war Einhard bereits Tischgenosse des Königs und wenig später ein wichtiger Helfer und Berater.

Im Hofkreis war der klein gewachsene, emsige Mann, Nardulus, die Ameise, genannt, sehr beliebt. Man bewunderte seine Klugheit und Zuverlässigkeit. Seiner handwerklichen Begabung verdankte er seinen zweiten Beinamen Beseleel, nach dem Baumeister im Alten Testament. Er erhielt die Bauleitung über die Bauten in der Residenz Aachen, die in diesen Jahren entstand.

Außerdem half er Karl bei der Abfassung seines Testaments

Einhard mit seiner Gemahlin. Holzstich aus dem 19. Jahrhundert

und beriet ihn in politischen Fragen. Im Jahre 813 riet er dem alt und schwach gewordenen Kaiser, seinen jüngsten Sohn Ludwig zum Mitherrscher zu ernennen. Einhard gehörte zur Generation der Kinder Karls und bemühte sich rechtzeitig um das Vertrauen des jungen Ludwig. Dabei hatte er sicher auch seinen eigenen Vorteil im Sinn. Berühmt gemacht hat Einhard seine Beschreibung von Kaiser Karls Leben. Nach dem Vorbild des römischen Schriftstellers Sueton (ca. 70 bis 1. Hälfte 2. Jh.) war sie in klassischem Latein abgefasst.

Nach dem Tod Karls im Jahr 814 wurde Einhard zum Berater von Karls Sohn und Nachfolger, Ludwig. Für seine Dienste am Hof erhielt er zahlreiche Klöster und Ländereien. In seine Heimat am Main zog Einhard sich später als Laienabt* zusammen mit seiner Frau Imma zurück und widmete sich bis zu seinem Tod der Leitung der Abtei* in Seligenstadt. Besonders stolz war Einhard darauf, die Gebeine der Heiligen Petrus und Marcellinus aus Rom gestohlen und in die neu gegründete Abtei nach Seligenstadt gebracht zu haben. Auch die Bevölkerung war ihm sehr dankbar für die kostbaren Reliquien.

Die Einhardsbasilika in Seligenstadt |

Ein Thron aus Marmor in der Kirche

„Knakrak." Unruhig rückte Odo auf Einhards Schulter hin und her. Er schien zu begreifen, dass es auf ihn ankam.

„Pater noster", wiederholte Einhard erfreut.

„Er ist sehr aufgeregt", sagte ich. „Ich glaube nicht, dass er vor so vielen Menschen beten wird. Alles hier ist ungewohnt für ihn. Odo braucht ein paar Tage, um sich einzugewöhnen."

Einhard nickte verständnisvoll.

„Ein paar Tage. Die soll er haben. Ich werde gut für ihn sorgen. Danke für das Geschenk aus dem Sachsenland. Einen solchen Raben habe ich mir immer gewünscht."

Ich kämpfte mit mir. Ich hatte gar nicht daran gedacht, dass meine List mich dazu verpflichten würde, Odo abzugeben. Es widerstrebte mir, meinen treuen Gefährten einfach in der Obhut eines Fremden zu lassen. „Hoffentlich bleibt er bei dir", sagte ich schließlich.

Einhard lächelte verschmitzt. „Doch, das wird er. Ich verstehe mich auf den Umgang mit Menschen und Greifvögeln und solchen wie ihm."

„Gib ihm Eier und Quark", riet ich, „Brotrinde und manchmal ein Stück Fleisch." Raben fressen fast alles, aber Odo hatte im Lauf der Jahre gewisse Vorlieben entwickelt.

„Die Pfalz Aquis ist der ganze Stolz des Herrschers. Richold

---

4 pater noster – *lat. „Vater unser"*

und Grimo sollen dir die wichtigsten Plätze zeigen, damit du dein Loblied auf Karl fertig dichten kannst."

Einhard lockte Odo mit einem Stück Brotrinde und sprach leise auf ihn ein. Zu meinem Erstaunen schenkte der Rabe ihm sofort Vertrauen. Ja, Einhard besaß außergewöhnliche Eigenschaften, das spürte man sofort, wenn man ihm gegenüberstand.

„Komm", sagte Richold. „Sehen wir uns um, damit du alles kennenlernst."

Ich beschloss, Odo vorläufig seinem Schicksal zu überlassen – bei Einhard war er offenbar in guten Händen. So trottete ich hinter Grimo und dem Scaramann her.

„Du hast keine Zeit verloren", murmelte Richold mir halb anerkennend, halb verärgert auf der Treppe zu. Ich zog es vor, nicht zu antworten, solange Grimo in der Nähe war.

„Hier stehst du vor der prächtigsten Kirche im Frankenreich", sagte dieser gerade angeberisch und wies auf das Bauwerk gegenüber von Einhards Hofwerkstätte. „Es ist die Kapella* der Pfalz Aquis. Lass uns hineingehen, damit du alles siehst."

Aufregung ergriff mich. „Ist hier auch die Orgel aufgestellt?"

„Ja und ein Musiker aus Konstantinopel* spielt sie zum Sonntagsgottesdienst", versicherte Grimo. „Die Engel im Himmel könnten es nicht besser."

Die schweren bronzenen Eingangstüren strahlten wie mattes Gold in der Sonne. Sie waren halb angelehnt; ich warf im Vorbeigehen einen kurzen Blick auf die Löwenköpfe der Tür. Wir gingen durch eine schlichte gemauerte Eingangshalle vorbei an der Bronzestatue eines wilden Tiers und einem riesigen Pinienzapfen.

„Das ist die Wölfin", klärte mich Grimo auf, da ich kurz vor dem Tier stehen geblieben war.

„Die Wölfin?"

„Die römische Wölfin", sagte Richold. „Aber ich finde, sie sieht eher aus wie eine Bärin." Er hatte die Stimme gesenkt und beugte das Knie vor einem Altar, an dem wir vorbeigingen. Grimo und ich taten es ihm nach. Plötzlich wurde es fast taghell. Wir standen in einem runden Raum.

Geblendet schloss ich die Augen.

Das hohe Innere der gemauerten Kirche glänzte von
Gold an den Wän-
den und glit-
zernden

Säulen. Die Kirche war zweigeschossig, fast wie ein Turm. Hunderte von Wachskerzen waren angezündet.

„Welch eine Verschwendung", sagte ich nach langem Schweigen.

Grimo und Richold lachten.

„Für die Muttergottes, der diese Kirche geweiht ist, ist kein Aufwand zu groß. Sie beschützt uns alle, deshalb sind wir ihr verpflichtet."

„Warum hat sie mehrere Stockwerke?", wollte ich wissen.

„Hier unten versammelt sich das Volk, die Krieger, die einfachen Menschen. Im ersten Stock nimmt der Kaiser an der heiligen Messe teil, mit seiner Familie und den Hofleuten. Er kommt von seinen Wohnräumen über einen hölzernen Gang in die Kirche, ohne dass man ihn unten bemerkt."

Richold wies mit der Hand nach oben. „Dort steht auch sein Thron, du siehst von hier nur die Rückwand aus Marmor."

„Ein Thron?"

„Ein Sitz aus weißem Marmor, höher als die anderen Stühle, so wie Gott im Himmel thront."

Auch Häuptling Heiko saß bei den Treffen der Dorfältesten auf einem erhöhten Eichensessel. Ich nickte. So musste es sein.

„Er ist schließlich vom Papst in Rom zum Kaiser gekrönt worden."

„Warst du bei der Kaiserkrönung* dabei, Grimo?"

Jetzt strahlte Grimo über sein breites Gesicht. „Sogar nah dabei, in Rom. Karolus war vor dem Papst niedergekniet. Ganz unerwartet setzte Papst Leo ihm die Krone auf den Kopf. Alle in der Kirche riefen „Imperator Augustus!" und die Orgel begann zu spielen. Schöner hätte es selbst im Himmel nicht sein können."

„Die Orgel", sagte ich. Nicht zuletzt wegen ihr war ich ja nach Aquis gekommen.

„Dort", Grimo drehte sich um und zeigte nach oben. „Im ersten Stockwerk gegenüber dem Kaiserplatz."

Ich blickte auf eine aus silberfarbenen Röhren bestehende Wand, die eher ein Gebäude als ein Musikinstrument vermuten ließ.

„Das da?"

„Ja, sie ist so hoch wie zwei Männer", berichtete Richold.

„Sind die Säulen dort aus Gold? Sie glänzen und sprühen Funken."

Grimo und Richold lachten.

„Das nicht gerade, aber sie sind aus Rom und Ravenna geholt worden. Sie sind aus Porphyrstein* und Marmor."

„Und wer hat das alles gebaut und ausgedacht?"

Ich wusste nur zu gut, wie schwer es ist, auch nur ein einfaches Fachwerkhaus aus Balken und Lehm zu errichten. Ich hatte in Birkenholm oft genug zugesehen, wie die Männer die Balken in genauen Abständen aufstellten.

„Unser Kaiser hat Bauarbeiter aus Italien kommen lassen, Langobarden, dazu Künstler, die sich auf Metallarbeiten verstehen, und Mosaikarbeiter. Viele von ihnen sind immer noch da und bauen hier auf dem Gelände der Pfalz. Sie ist ja noch längst

5 Imperator Augustus – *lat. erhabener Kaiser*

nicht fertig." Richold sprach, als hätte er jeden Tag bei den Bauarbeiten vor der Kapella der Pfalz gestanden.

„Aber ausgedacht hat sich den Bau ein Franke, der Architekt

Odo von Metz zusammen mit Karl und Alkuin", fügte Grimo hinzu. „Und heute kann man gar nicht mehr sagen, wer die besten Ideen hatte. Karl wollte eine Kirche so prächtig wie die in Ravenna. Und Odo sagte, dass es darauf ankäme, eine Kirche möglichst ähnlich der Grabeskirche in Jerusalem zu schaffen. Alkuin wollte sie unbedingt in Kreuzesform errichten, Odo schlug ein Achteck als Grundriss vor und Karl wollte ein Sechzehneck."

Mir schwirrte der Kopf. Sechzehneck, Achteck ...

„Schließlich haben sie sich auf das Oktogon als Grundriss geeinigt", schloss Grimo.

„Mach dich nicht über sie lustig", wies Richold ihn zurecht. „Ein Oktogon ist ein Achteck."

„Das habe ich mir fast gedacht", sagte ich und zeigte auf den Kirchenraum. „Man sieht ja, dass es ein Achteck ist. Und wahrscheinlich ist dieses Okter... Oktogon wieder ein lateinisches Wort."

„Ich glaube, ein griechisches. Aber Griechisch sprechen wir hier alle nicht gut."

„Jahrzehntelang sind die Frankenkönige mit Ochsenwagen, Pferden, Frauen, Kindern und ihren Dienern und Kriegern durch das Land gezogen", erklärte Grimo wenig später, als wir wieder im Freien waren. „Von einer Pfalz zur anderen, von einem Hofgut zum nächsten."

„So wussten sie immer, was im Land vorgeht", vermutete ich.

„Richtig, Sachsenmädchen. Doch es gab einen weiteren Grund."

„Und welcher wäre das gewesen, die Mühsal der Reisen mit Familie und Tross auf sich zu nehmen?"

„Überleg dir, was es kostet, Hunderte von Vornehmen und ihr Gesinde aufzunehmen, zu ernähren und zu kleiden. Tausende von Hühnchen und Enten müssen geschlachtet werden, sobald der Bote die Ankunft des Königs meldet. Die Mägde kommen mit dem Federnrupfen nicht nach, so viel wird täglich verspeist. Berge von Korn werden dann gemahlen. Wald wird gefällt, um genug Feuerholz zum Backen und Braten zu haben. Glaubst du, der König gibt sich mit Käserinde und trockenem Brot zufrieden?" Richold kicherte vergnügt. „Also ist es sinnvoller, regelmäßig weiterzuziehen. Denn sonst verarmt die Gegend, in der sich der König befindet, und kann uns nicht mehr ernähren. Der Königstross ist wie ein Heuschreckenschwarm."

„Spaß beiseite!", rief Grimo. „Unser König, der vor Kurzem in Rom zum Kaiser gekrönt wurde, ist alt geworden. Deshalb hat er sich hier eine feste Residenz erbaut. Hierher sollen die Gesandtschaften aus Konstantinopel und noch entfernteren Ländern ziehen und ihre Geschenke in der Schatzkammer abgeben."

„Aber auch hier muss er mit seinem Gefolge verköstigt und gekleidet werden", wandte ich ein.

„Deswegen ist das Hofgut vor den Toren der Pfalz besonders groß", erklärte Richold. „Und weitere Königsgüter sind in der Nähe."

Wir gingen die breite Straße hinunter.

„Diese Straße ist die Principia", erklärte Richold. „Die Hauptstraße. Aquis liegt inmitten von gut erhaltenen gepflasterten Straßen und Wasserwegen. Weinfässer und Getreide werden zu Schiff von überall her gebracht. Vieh wird über die Straßen herangetrieben."

Wieder blieben wir stehen, diesmal vor einer mächtigen Torhalle. Beeindruckt sah ich hoch.

„Im Obergeschoss wird Gericht gehalten."

„Und unten?"

„Halten sich die Scaraleute auf."

„Und dieses Gebäude mit der Säulenhalle davor ist sicher auch wichtig?"

„Dort wirst du vor dem Kaiser singen, wenn Einhard dir die Erlaubnis gibt und ihm dein Lied gefällt", lachte Grimo.

„Dort?"

„Es wird dir gut gelingen. Und mach dir wegen Odo keine Sorgen", sagte Richold. Er lächelte mir aufmunternd zu. „Wie du siehst, versteht sich Einhard bestens auf den Umgang mit Mensch und Tier."

Bautechnik zur Zeit Karls

Über viele Jahrzehnte konnten König Pippin und dann sein langlebiger Sohn Karl der Große den Frieden im Inneren des Frankenreichs weitgehend sichern. Die lange Friedenszeit tat den Menschen gut und zugleich veränderte sich die Landschaft. Große Waldstücke wurden gerodet und in Felder verwandelt. Überall wurde gebaut. Allein in der Regierungszeit Karls wurden 232 Klöster, 16 Kathedralen und 65 Pfalzen neu errichtet oder wiederhergestellt.

Die meisten dieser Bauten sind untergegangen, weil sie aus Holz waren. Auch die Hütten der Bauern und viele Häuser in den Städten waren aus Planken errichtet. Selbst in

Torhalle in Lorsch

den Königspfalzen überwogen die Holzbauten. Dies war nicht ungefährlich, Feuer brachen schnell aus und zudem waren die Holzbauten selbstverständlich weniger haltbar als Steinhäuser. Gegen Ende von Karls Regierungszeit brach ein hölzerner Verbindungsgang in Aachen zusammen, sodass der König und mehrere Begleiter verletzt wurden. Die große hölzerne Brücke über den Rhein bei Mainz, die Karl hatte bauen lassen, brannte kurz vor seinem Tod vollständig ab.

Man bemühte sich deshalb, die Holzbauten durch steinerne Gebäude zu ersetzen. So ließ Einhard seine Basilika* in Seligenstadt aus Stein als Ersatz für eine Holzkirche bauen. Auch der Abt Benedikt tauschte in Aniane Holzgebäude durch eine neue prächtige Kirche mit Eingangshalle und Marmorsäulen aus. Das Material für Steinbauten kam aus Steinbrüchen; kostengünstiger war es allerdings, Steine aus römischen Ruinen zu verwenden – im Rheinland gab es sie in Hülle und Fülle. So sind leider viele Bauten aus römischer Zeit verloren gegangen. Für die Pfalz Aachen ließ Karl Marmor aus Ravenna und Rom kommen.

Die karolingischen Architekten griffen auf die Architekturwerke römischer Schriftsteller zu-

I **Das Innere der Einhardsbasilika in Steinbach**

rück. Die Schriften Vitruvs*
wurden in den Klöstern vervielfältigt und gelesen. Ge-
legentlich benutzte man sogar alte römische Baupläne,
um Brücken und Mauern zu
errichten.
Karolingisches Mauerwerk
lässt sich bei Ausgrabungen
an dem mit Ziegelstückchen
rot verfärbten Mörtel zwischen den Steinen erkennen;
genauso mischten die Rö-
mer ihren Mörtel.
Speisesäle und Prunkräume

des Königs waren mit Fresken* bemalt, ebenso wie das Innere der meisten Kirchen. Kirchenräume wurden auch mit
Mosaiken geschmückt.
Die Fertigstellung großer Bauten dauerte manchmal Jahrzehnte. Im Jahr 800 wurde der prächtige Kölner Dom begonnen; erst 870 konnte er geweiht werden. Mit 91 Metern Länge und 20 Metern Breite war er
eines der größten Bauwerke der
Karolingerzeit.

Das Oktogon der Pfalzkapelle in Aachen |

Das religiöse Leben der Franken

Die Franken waren ein christliches Volk; der Sonntag war daher Ruhe- und Feiertag. Es galt strenges Arbeitsverbot, auch die Ärmsten sollten an der Messe teilnehmen dürfen. Selbst die Küchenarbeit war auf das Notwendigste eingeschränkt, da die Frauen ebenso wie die Männer am Gottesdienst teilnahmen. Nach Möglichkeit sollten die Gläubigen schon in der Nacht vom Samstag auf Sonntag zur

Byzantinische Orgel, die Karls Vater Pippin 757 zum Geschenk erhielt

Frühmesse in die Kirche kommen, nüchtern und mit einer Laterne. Danach durften sie nach Hause gehen, mussten aber zum Vespergebet am Abend zurückkehren. Beim Eintritt in die Kirche wurden sie mit Weihwasser besprengt, während des Gottesdienstes saßen sie auf ihren Plätzen vor der Kanzel und sangen mit. Die Messe wurde auf Lateinisch gefeiert, nur die Predigt wurde auf Thiudsk gehalten. Daher verließen die Menschen oft schon nach der Predigt die Kirche und unterhielten sich laut im Vorraum.

Die wichtigsten Feste waren Weihnachten und Ostern. Auf sie bereitete man sich mit 40 Tagen Fasten vor. In Notzeiten verordnete der König zusätzliche Fast- und Bettage. Dies geschah 780, als Karl verfügte: „Jeder Bischof soll drei Messen lesen und drei Psalter singen lassen, einen für den König, einen für das fränkische Heer, einen wegen der gegenwärtigen Not. Bischöfe, Mönche, Nonnen, deren Leute und die Adligen sollen zwei Fasttage einhalten."

Einer der wichtigsten Heiligen war außer der Gottesmutter Maria der heilige Martin von Tours, dem viele Kirchen geweiht wurden. Schließlich bewahrten ja die fränkischen Könige den Mantel des heiligen Martin, die *capa,* im Schatz der *capella* auf. Alte Martinskirchen in den Orten sind heute noch Hinweise auf frühere Missionsgebiete der Franken. Größter Verehrung erfreute sich auch der Apostel Petrus. Im Volksglauben nahm er die Stelle des heidnischen Donnergottes Donar ein, sodass man heute noch sagt: „Petrus lässt es regnen."

Handel und Wandel – Silber, der karolingische Rohstoff

Unter Karls Regierung nahmen Wirtschaft und Handel im gesamten Frankenreich einen großen Aufschwung.
Unermüdlich ließ Karl Straßen, Schiffswege und Kanäle erbauen – nicht nur zu Handelszwecken, sondern auch für seine Kriegsführung. Die hölzerne Brücke, die der Frankenkönig in Mainz über den Rhein ziehen ließ, galt als technisches Wunderwerk. Leider brannte sie im Jahr 812 vollständig ab. Karl errichtete über das ganze Reich hin ein Netz von Klöstern und Kirchen. Außerdem wurden zahlreiche Märkte gegründet. Klöster, Städte und Grundherren mussten jährlich Abgaben an den König leisten, das *servitium regis*.

Der „Rohstoff der Macht" der Karolinger war das Silber. Für 340 Gramm Silber konnte man in karolingischer Zeit etwa 15 Kühe oder drei bis vier Schwerter kaufen. Die Hauptmünze während Karls Regierungszeit war der silberne Denar. Für den Fernhandel ließ Karl Goldmünzen schlagen, denn auch die byzantinischen Kaiser und der Kalif in Bagdad prägten Goldmünzen.

Archäologen konnten karolingische Bergbaustätten untersuchen. Sie vermuten, dass Karl bis aus dem Iran Bergbau- und Verhüttungsspezialisten ins Frankenreich kommen ließ. Bei der Silbergewinnung fiel auch Blei an, das für Dachdeckung und Fensterfassungen immer wichtiger wurde, ebenso für preiswerten Alltagsschmuck.

Nach jahrelangen Seuchen, Missernten und einer Hungersnot versuchte Karl im Jahr 794, Höchstpreise für bestimmte Getreidesorten festzulegen. Auch Gewichte und Maße hätte er gerne vereinheitlicht. Doch beide Maßnahmen blieben erfolglos. Weder war es möglich, die Preise dauerhaft zu stabilisieren, noch konnte er in dem riesigen Gebiet für Maße und Gewichte feste Standards errichten. Auch gegen Hungersnöte, Missernten und Überschwemmungen konnte nicht viel ausgerichtet werden.

Bedeutsam war der Waffenhandel: Fränkische Panzerhemden, Schwerter und Lanzen wurden bis nach England und Skandinavien exportiert. Salz wurde aus dem bayrischen Reichenhall in die Eifel und den Südosten des Frankenreichs gebracht. Aus Friesland wurden friesische Mäntel und Tuche im Frankenreich verbreitet. Reich wurden Händler auch am Sklavenhandel mit Tausenden von „slawischen" (davon unser heutiges Wort „Sklave") Kriegsgefangenen, die besonders im Emirat von Córdoba in Spanien sehr begehrt waren.

Fränkisches Langschwert *(spatha)*, **9. Jahrhundert, mit einem Griff aus Messing und Silber**

Verwaltung des Frankenreichs

Karl teilte das Frankenreich in Grafschaften auf, die die Stammes- und Gaugrenzen überschritten. Jede Grafschaft wurde von einem Vertreter des Königs, dem Grafen*, geleitet. Die Grafen wurden vom König persönlich ernannt. Damit waren sie königliche Beamte. Sie hielten Gericht und kümmerten sich um die Vollstreckung der Urteile. Sieben Schöffen, die der Graf aus den Bürgern ernannte, schlugen das Urteil vor. Die Gerichtsgemeinde der freien Bauern entschied über den Vorschlag. Ein Teil der Gerichtsbußen gehörte dem Grafen, der größere Teil fiel an den König. Auf Befehl des Königs berief der Graf auch den „Heerbann" ein, die wehrfähigen freien Bauern seines Gebiets, und führte sie zum Sammelort.

Damit die Grafen nicht zu selbstherrlich wurden und um Missstände aufzudecken, schickte Karl zur Kontrolle seine Königsboten aus *(missi dominici)*, immer zwei, meist einen Bischof und einen Grafen gemeinsam.

Für die schwierigen Rechtsfälle aber war der König zuständig. Im Alter ließ er sogar nachts, wenn er keinen Schlaf fand, streitende Parteien kommen und sprach Recht. Um seine Urteile im ganzen Land bekannt zu machen, wurden sie in Verordnungen *(capitularia)* zusammengestellt und jedes Jahr im Mai bei der Maifeldversammlung den versammelten Adligen und Bauern vorgelesen.

Der Aware

Vor einem niedrigen Fachwerkbau im Schatten der Pfalzmauer machten wir halt. Hinter einem offenen Torbogen hämmerte ein buckliger Schmied im Feuerschein seiner Esse*.

„Gestattest du, dass ich schnell meine Sporen abhole?", fragte Richold.

„Lass mich mitgehen, das Schmiedehandwerk hat mich immer interessiert."

„Dieser hier ist ein awarischer Waffenschmied", erklärte Grimo leise. „Er stellt die besten Pferdetrensen her."

Neugierig folgte ich Richold zum Arbeitsplatz des

Awaren*. Der Verwachsene mit dem glatten grauen Haar gönnte uns keinen Blick. Er trug eine speckige lederne Schürze und war ganz in seine Arbeit vertieft. Er hatte den Hammer beiseitegelegt und glättete mit einem eisernen Werkzeug ein Paar kupferne Sporen.

„Sind sie bald fertig?", fragte Richold.

„Warte bis morgen", brummte der Alte und warf Richold einen finsteren Blick zu. „Warum seid ihr Franken immer so ungeduldig? Gute Arbeit braucht ihre Zeit."

„Wie kommt er hierher?", wollte ich wissen, als wir draußen auf dem Platz vor der Reiterstatue des Gotenkönigs standen.

„Das war einer von den gefangenen Awaren, Atta-Gur. Keiner macht schöneres Zaumzeug und bessere Sporen."

„Dann werde ich ein Paar Sporen für meinen Vater mitnehmen", sagte ich.

„Kauf auch noch eine silberne Gürtelschnalle. Bei Atta-Gur kann man die schönsten Stücke bekommen."

„Wie kommt es, dass alle Menschen hier so reichen Schmuck tragen und die Pferde versilbertes Zaumzeug haben?", erkundigte ich mich.

„Unsere Krieger haben das Reich der Awaren zerstört und ihren Schatz nach Aquis gebracht. Hat sich diese Nachricht nicht nach Birkenholm durchgesprochen?"

Nein, von diesem großen Sieg hatte ich in unserem Dorf noch nie gehört.

„War der Schatz denn so groß, dass alle Franken etwas davon bekommen haben?"

„Nicht nur alle Franken wurden beschenkt. Angilbert hat im Auftrag des Königs mehrere Wagenladungen Gold nach Rom zum Papst gebracht. Und fast alle Klöster und Kirchen im Frankenreich wurden mit goldenen und silbernen Gefäßen ausgestattet und mit neuen Messgewändern."

„Aber der König wird den Krieg doch nicht nur geführt haben, um den Schatz zu gewinnen?", fragte ich zweifelnd.

„Die Awaren waren gefährliche Unruhestifter. Kein Volk an ihren Grenzen war vor ihnen sicher. Zu Tausenden überfielen ihre Reiterhorden die Völker an der Donau. Das Gold und Silber stammte aus vielen Raubzügen gegen friedliche Nachbarn. Zuletzt hatten sie sich mit Herzog* Tassilo* von Bayern verbündet, um das Frankenreich gemeinsam anzugreifen. Dafür musste man sie bestrafen."

„Herzog Tassilo?"

„Der größte Feind unseres Herrschers. Ein unglaublicher Halunke."

„Was hat er getan?"

Richold kratzte sich am Ohr. „Er hat schlechte Reden über unseren König Karl geführt. Und seine Frau Liutberga ebenfalls, kein Wunder, sie ist Langobardin. König Karl wollte nur den Frieden, aber Herzog Tassilo hat ihn gezwungen, ihn anzugreifen."

„Dieser Herzog Tassilo war zudem noch ein Cousin Karls, nur

ein Jahr älter als er, doch schon in jungen Jahren hatte er das Schlimmste getan, was ein Verwandter und Vasall* begehen kann", ergänzte Grimo.

„Du stellst dir nicht vor, wie treulos er war und was er getan hat." Richold senkte die Stimme. Offenbar war Tassilos schändliches Verhalten für ihn zu ungeheuerlich, um es überhaupt laut aussprechen zu können. „Herisliz", sagte er.

Ich schnappte unwillkürlich nach Luft. „Dann ist er wirklich ein Schuft, der nicht weiß, was Ehre bedeutet", stimmte ich zu.

„Du würdest so etwas nie tun."

„Solange ich noch ein Pferd habe und irgendeine Waffe werde ich zum Maifeld ziehen und dem König beistehen. Ganz gleich, ob man krank ist oder die Ernte schlecht war, wenn die Boten zur Heeresversammlung rufen, lässt ein anständiger Mann alles stehen und liegen und hilft seinem Herrn. Es ist nicht zu entschuldigen. Über Tassilo brauchen wir gar nicht weiter zu reden."

Ich fand es wunderbar, dass Richold und ich uns so gut verstanden.

Richold deutete auf die prächtigen Gebäude vor uns. „Das meiste, was du hier siehst, ist mit den Geldern aus der Awarenbeute

6 herisliz – *Verlassen des aufgestellten Heeres*
7 Maifeld – *von lat.* magnus campus, *Versammlungsfeld*

erbaut worden. Und du siehst nur das Äußere. In der Kirche befinden sich große Schätze für die Jungfrau Maria und für Christus."

Wir gingen weiter. Mir war jetzt wieder unbehaglich zumute, weil ich Odo zurückgelassen hatte. Was, wenn der Sekretär des Kaisers herausfand, dass mein Rabe kein Wort Lateinisch konnte, sondern nur sächsische Flüche? Voller Angst malte ich mir das Entsetzen des ehrbaren Mannes aus, wenn Odo ihm seine übelsten Beschimpfungen entgegenschleuderte.

Richold nahm es mit seinem Auftrag, mir die Pfalz zu zeigen, ernst. „Sieh dich nur um", forderte er mich auf. „Weit und breit gibt es keinen so prächtigen Ort."

Er hatte recht. Ich hatte noch nie so viele Häuser aus Stein und so hohe Gebäude gesehen.

„Im Sachsenland haben wir auch hohe Kornspeicher und Scheunen für das Heu", hielt ich trotzdem dagegen. Die Franken sollten nur nicht glauben, mich mit all der Pracht völlig überwältigen zu können.

„Karl, unser König, tut alles für die neu erbauten Kirchen. Heilige Gefäße aus Edelmetall und Priestergewänder hat er in solchen Mengen angeschafft, dass sogar die Türsteher, die doch den untersten kirchlichen Grad bilden, beim Gottesdienst eine besondere Kleidung tragen", versetzte Richold.

„Jaja", witzelte der Possenreißer Grimo, „Kelche aus Holz in der Hand goldener Priester wären segensreicher als Goldkelche in der Hand hölzerner Priester."

Die Kriege Karls

Zum Jahresablauf des Frankenkönigs gehörten die Jagd im Herbst und im Frühsommer und Sommer ein Kriegszug. So hatten es schon die Könige vor ihm gehalten und Karl stand ihnen nicht nach. Jedes Jahr im Mai wurde die Heeresversammlung auf dem Maifeld einberufen. Aus allen Teilen des Frankenreichs musste der besitzende Adel mit seinen Gefolgsleuten zum Versammlungsfeld kommen. Sie hatten Waffen für sechs Monate und Verpflegung für drei Monate mitzuführen. Auf der Versammlung erfuhren sie, gegen welchen Feind es in diesem Sommer ging. Die Zahl der Gefolgsleute für jeden Adligen und Freien richtete sich nach der Größe seines Landes.

Auch geistliche Herren, Bischöfe und Äbte, waren verpflichtet, eine Waffenkammer zu pflegen. Dies galt auch für die Äbtissinnen großer Frauenklöster.

Adlige Franken schützten sich im Kampf mit Helm, Schild

Karolingische Kavallerie und Fußtruppen

und eisernen Kettenhemden sowie runden metallbeschlagenen Schilden mit Mittelgriff und eisernem Schildbuckel. Das Kennzeichen des Adligen war das zweischneidige Langschwert *(spatha)*, das ebenso wie das Pferd einen persönlichen Namen hatte. Alle Kämpfer hatten außerdem die Wurfaxt, die Franziska, Pfeile und Bogen und den kurzen und langen Sax (einschneidige Stichwaffe), die am Gürtel getragen wurden. Die Waffen der Franken waren gefürchtet. Nur die Araber verfügten über eine noch bessere Waffentechnik. Kaufleute verkauften fränkische Waffen in ferne Länder. Dagegen versuchte Karl zwar, mit Gesetzen einzuschreiten, doch konnte er den Waffenhandel nicht völlig unterbinden. Sogar die Normannen im Norden bezogen Waffen aus dem Frankenreich.

Der Grenzsicherung dienten die Marken, in denen Markgrafen regierten, die den Heerbann jederzeit ohne königlichen Befehl aufrufen durften, um feindliche Angriffe abzuwehren. Die „Spanische Mark" gründete Karl als Pufferzone gegen die Bedrohung durch die Mauren. Sie reichte vom Süden der Pyrenäen bis zum Ebro. Gegen die Dänen wurde die Eidergrenze als „Dänische Mark" gesichert. Die „Mark Friaul" umfasste das heutige Kärnten, Teile von Istrien und Dalmatien. Im Südosten konnte Karl nach dem Sieg über die Awaren die Grenze des Frankenreichs bis an die Raab und den Plattensee schieben. Zur Sicherung wurde die „Pannonische Mark" gegründet. Missionare und bayerische Bauern siedelten sich in ihr an. An der Ostgrenze wurde zwischen den Flüssen Saale und Elbe die „Sorbische Mark" entwickelt.

Der Langobardenkrieg: Karl heiratete im Jahr 770 eine Tochter des Langobardenkönigs Desiderius, verstieß sie aber schon nach einem Jahr wieder. Der beleidigte Desiderius begann daraufhin, das langobardische Gebiet in Italien erneut auszudehnen, und besetzte den größten Teil des päpstlichen Gebietes. Karl kam einem Hilferuf des Papstes nach. Mit einem Heer rückte er über die Alpen, erreichte die Übergabe der langobardischen Hauptstadt Pavia und die Abdankung des Desiderius. 774 krönte Karl sich selbst mit der „Eisernen Krone" der Langobarden. Als Schutzherr der Kirche bestätigte er dem Papst die Pippinische Schenkung. Schon Pippin schenkte dem Papst Städte, die er den Langobarden weggenommen hatte. Dieser Landbesitz war der Beginn des „Kirchenstaats".

Die Sachsenkriege zogen sich über 30 Jahre hin (772–804). In mehr als 20 einzelnen Feldzügen zwang Karl die freiheitsliebenden Sachsen schließlich, dem heidnischen Götzendienst zu entsagen, sich taufen zu lassen und sich mit den Franken zu einem Volk zu verbinden. Bis zum Jahr 795 organisierte der sächsische Edeling Widukind immer wieder aufs Neue den Widerstand sächsischer Stämme gegen die Franken.

Feldzug gegen Bayern: In Bayern regierte der Cousin Karls, Tassilo, der mit einer Schwester der von Karl verstoßenen Langobardenprinzessin verheiratet war. Schon in jungen

Die sogenannte Eiserne Krone besteht aus goldenen Einzelteilen und wird innen durch einen Eisenreif zusammengehalten. Dieser besteht angeblich aus einem Nagel vom Kreuz Christi.

Jahren, 763, verweigerte er angeblich Karls Vater Pippin seine Gefolgschaft im Krieg. Jahre später hatte Tassilo nach Siegen über die Slawen und Awaren im Süden Bayerns seinen Einfluss und Grundbesitz vermehrt. Karl empfand den stolzen Bayernherzog immer mehr als Bedrohung. Außerdem vermutete er, Tassilo wolle sich mit seinen Gegnern, den Awaren, verbünden. Doch zu dem Krieg zwischen fränkischem Heer und Bayern kam es nicht. Es genügte bereits die Drohgebärde Karls, der 787 mit dem gesamten Heer in Bayern aufmarschierte, um die Gefolgsleute Tassilos von ihm abfallen zu lassen. Auch die Bischöfe schlugen sich auf die fränkische Seite. Ohne Blutvergießen konnte Karl Bayern als Reichsland einziehen und durch einen Franken verwalten lassen. Tassilo wurde auf einer Reichsversammlung in Ingelheim im Jahr 788 des Verrats schuldig gesprochen und verurteilt.

Die Awarenkriege (791–811) sollten zunächst die südöstliche Grenze sichern. Die Awaren, ein kriegerisches Reitervolk, hatten im 8. Jahrhundert auf dem Gebiet des heutigen Ungarn bis hin zum heutigen Österreich ein Großreich errichtet. Sie waren so gefürchtet, dass die byzantinischen Kaiser ihnen einen Tribut zahlten, um sie zu beschwichtigen. Die Forschung nimmt heute an, dass Karls Awarenzüge vor allem geführt wurden, um in den Besitz des immensen Staatsschatzes der Awaren zu gelangen. 15 von vier Ochsen gezogene Wagen brachten den ersten Teil davon nach Aachen.

Der blaue Vorhang

Es war Abend geworden. Herdfeuergeruch senkte sich auf uns herab. Vom vielen Herumlaufen taten mir die Füße weh. Ich hörte kaum noch zu.

„Könnten wir etwas zu Abend essen?", schlug ich vor. „Ich biete euch den Rest meiner Wurst an, wenn ihr mich wieder zu meinem Zelt und der Stute bringt."

„Vielen Dank, aber du bist jetzt Gast des Kaisers."

„Ich – ein Gast?" Überrumpelt starrte ich Grimo an.

„Einhard hat uns befohlen, dich zu deinem Gästehaus zu bringen", sagte er geheimnisvoll. „Dort hast du es so gut wie die Gesandten eines fremden Landes."

„Aber meine Sachen! Sie liegen noch vor der Mauer im Zelt."

„Mach dir keine Sorgen. Ich werde alles holen, was du brauchst."

Richold machte sich auf den Weg und Grimo führte mich zu der versprochenen Unterkunft. Wir stiegen eine Holztreppe hoch zu einem auf Palisadenstämmen errichteten kleinen Holzhaus mit einem gemauerten Kamin, in dem ein behagliches Feuer knisterte. Auf den Dielen lag ein Hirschfell ausgebreitet. Vor einer gepolsterten Bank befand sich ein Tisch mit Brot, einem Krug Bier und einem Topf voller Milchbrei. Neben diesem Hauptraum war eine winzige Kammer mit einem Bett. Über einen Strohsack waren ein sauberes Laken und eine weiche Federdecke ausgebreitet.

Das alles verdankte ich Odo! Grimo und Richold, der mir inzwischen mein Gepäck gebracht hatte, verabschiedeten sich. Am nächsten Morgen wollten sie wiederkommen und mir weitere Geheimnisse der Pfalz Aquis zeigen. Frisches Brot und Milch zum Frühstück würde mir eine Magd vorbeibringen. Um mein Pferd sollte ich mir ebenfalls keine Sorgen machen. Richold hatte es im Stall der Scaramänner untergebracht, wo es bestens versorgt war. Ich konnte mein Glück kaum fassen.

Ich lag bereits in tiefstem Schlaf, als es an der Tür klopfte. Unwillig zog ich mir die Decke über den Kopf, doch die Schläge ließen nicht nach. Schlaftrunken öffnete ich.

Mit einer Fackel in der Hand stand Grimo vor mir.

„Zieh dich rasch an und folge mir", sagte er.

Ich sah hinaus in die Dunkelheit. Ein paar Sterne leuchteten am Himmel.

„Nimm die Leier mit. Du sollst vorsingen."

„Mitten in der Nacht?"

„Es geht darum, einen alten kranken Mann aufzuheitern. Du bist doch Sängerin."

Ich hielt die Hand vor den Mund und gähnte, dann ergriff ich das Instrument, schlüpfte in die Stiefel und folgte Grimo, der mir mit eiligen Schritten vorausging.

„Einen alten kranken Mann? Sicher ist es ein hoher Herr, dass du mich holst?"

„So ist es", brummte Grimo. Dann blieben wir stehen. Im Lichtschein zweier rußender Pechfackeln, die in die Wand eines Gebäudes gesteckt waren, sprach Grimo kurz mit mehreren Bewaffneten. Sie ließen uns schnell weiter durch eine Toreinfahrt. Wir stiegen Treppen hoch, trotz der späten Stunde hasteten Diener an uns vorbei. Die Wohnung des geheimnisvollen Alten befand sich im oberen Stockwerk eines großen Steinturms. Wir standen jetzt in einem Raum, den ein von der Wand herabhängender blauer Vorhang teilte. Brennende Kerzen in einem von der Decke herabhängenden Leuchter verbreiteten flackerndes Licht.

„Lass dich hier nieder und fang einfach an zu musizieren." Grimo deutete auf eine gepolsterte Bank, neben der auf einem runden Tischchen ein Wasserkrug stand.

Ich sah mich um. „Aber wo ist der alte Herr?"

„Leise", flüsterte Grimo. „Er befindet sich hinter dem Vorhang neben dir."

Jemand räusperte sich hinter dem blauen Wollstoff, spuckte aus und begann zu husten. Lautlos ließ Grimo sich auf dem Boden nieder und nickte mir zu. „Spiel deine Heldenlieder aus Sachsen, das wird den Herrn erfreuen."

Ich drehte an den Knöpfen, mit denen die Saiten gespannt wurden, bis sie richtig gestimmt waren, und spielte ein paar Takte. Von der andern Seite des Raums war ein Rascheln und Rumpeln zu vernehmen; ich kümmerte mich nicht darum, so versunken war ich bald in mein Spiel. Und da Grimo mich darum gebeten hatte, sang ich auf Thiudsk das Lieblingslied meines Vaters von den Heldentaten eines sagenhaften Königs der Vorzeit. Ab und zu waren drüben hinter dem Vorhang Husten und Räuspern zu vernehmen, doch das störte mich nicht.

„Wunderbar, Siggilind. Du bist eine ganz besondere Sängerin." Ich sah erschrocken auf. Vor mir stand ein riesengroßer alter Mann, in einen blauen Wollmantel gehüllt. Völlig lautlos war er hinter dem Vorhang hervorgekommen. Hilfe suchend blickte ich zu der Stelle, an der Grimo gesessen hatte, doch er war verschwunden.

Der Alte zog keuchend einen Stuhl für sich herbei und setzte sich neben mich. „Spiel weiter, Siggilind", befahl er. „Sicher kennst du noch mehr Lieder."

„Möchtest du das Lied vom Lindwurm hören?"

„Ja, unbedingt. Und wenn du damit fertig bist, fang einfach noch einmal von vorn an." Er stöhnte leise auf und ich sah seinem verzerrten Gesicht an, dass er unter Schmerzen litt.

„Was tut dir weh?", erkundigte ich mich.

„Alles." Er verzog den Mund zu einem schmerzlichen Lächeln. „Die Hände, die Fußzehen ... Es ist grauenhaft. Aber die Musik lenkt mich ab, sie ist die beste Medizin für mich."

Ich nahm mir einen Moment Zeit, ihn zu betrachten. Jetzt war sein Gesicht mit den herabhängenden grauen Schnurrbartenden freundlich. Der Wollmantel war am Rand mit Pelz verbrämt. Darunter schaute ein grauer gegürteter Kittel hervor. Die wollenen Kniehosen waren aus leuchtend rot gefärbtem Wollstoff, ebenso wie die rötlichen Beinwickelbänder. Im Sit-

zen wirkte er nicht mehr so riesenhaft. Er hatte einen hervor-
tretenden runden Bauch, wie jemand, der gerne isst und trinkt.
Zu gerne hätte ich ihn gefragt, wer er war und ob er vielleicht
meine Patentante Berta kannte, doch er gab mir keine Gelegenheit. Wie jemand, der gewohnt ist, Befehle zu erteilen,
winkte er mir.

So müde ich auch war, ich sang weiter.

Kleidung in karolingischer Zeit

Der fränkische Bauer bekleidete sich mit einem knielangen gegürteten Gewand, halblangen Hosen und einem Umhang mit Kapuze. Die Beine waren mit Beinwickelbändern umschnürt, die Füße steckten in plumpen Schuhen. Am Gürtel hing ein Messer.

Die fränkische Frau trug über einem schlichten Hemdkleid, das am Hals mit ein oder zwei Gewandspangen, Fibeln genannt, geschlossen wurde, ein weites Oberkleid und in der Öffentlichkeit meist ein großes Umschlagtuch, das Kopf und Oberkörper bedeckte. Die Kleider waren oft mit kontrastfarbigen Streifen oder geometrischen Mustern verziert. Es gab Strümpfe, die über das Knie reichten und über der Wade mit einem Strumpfband festgehalten wurden.

Am Gürtel trugen Frauen ein „Gehänge" aus Schlüsseln und Ziergerät, christlichen Amuletten, Messern und Scheren, sowie einen Beutel aus Stoff oder Leder. Die Kleidung der Mönche war vielfältiger und reicher als die der Bauern. Sie erhielten (im Jahr 817) jährlich Hemden und Chormäntel, vier Paar Strümpfe, zwei Unterhosen, ein Leinengewand, zwei bodenlange pelzgefütterte Mäntel, zwei Gamaschen, San-

Fränkischer Bauer bei der Arbeit mit der zweigriffigen Sense

dalen und Fingerhandschuhe für den Sommer, Holzschuhe und Fäustlinge aus Schaffell für den Winter. Die alten Kleidungsstücke wurden an die Armen im Klosterhospiz verteilt.

Karl selbst kleidete sich wie ein fränkischer Adliger: auf dem Körper ein Leinenhemd, dazu leinene Unterhosen. Darüber trug er eine seidenverbrämte Tunika und eine knielange Hose, die Waden waren mit Beinwickelbändern umhüllt. Dazu gehörten Stiefel. Im Winter trug er als Kälteschutz zusätzlich ein Wams aus Otter- oder Marderfell, darüber einen blauen Umhang. Blau war die „Staatsfarbe" der Franken. Blau war nämlich der Mantel des heiligen Martin, den die Franken in ihre Schlachten mitnahmen, entweder im Original oder stellvertretend als blaue Fahne.

Zur Regierungszeit Karls kam die Sitte auf, kurze „friesische" Mäntel zu tragen, über die Karl sich lustig machte. Sie seien zwar modisch, aber unpraktisch bei rauem Wetter, da sie nicht ausreichend vor Kälte und Wind schützten.

Das Leben eines Königs

„Aufhören, Siggilind."

Ich verstummte und ließ die Leier sinken.

„Spiel leise weiter, ohne zu singen."

„So?" Ich schlug ein paar Töne an.

„Ja, so, damit wir uns unterhalten können."

Meine Finger glitten über die Saiten. Ich bemühte mich, eine sanfte einschmeichelnde Melodie hervorzubringen.

„Du musst diese Lieder aufschreiben", sagte der Alte wieder in dem befehlsmäßigen Ton. „Sie sind sehr schön."

„Das ist nicht nötig. Ich habe sie im Kopf."

Er hustete und würgte.

„Außerdem", sagte ich, „kann ich nicht schreiben. In Birkenholm kann das nur der Pfarrer. Nicht einmal unser Häuptling Heiko –"

„Nun, Siggilind, dann wirst du die zweite bei euch in Birkenholm, die schreiben und lesen kann."

Diesmal war ich so verblüfft, dass ich die Leier sinken ließ.

„Bist du ein Priester?", fragte ich. „Vielleicht ein Bischof?"

„Spiel weiter." Er krümmte sich unter einem neuen Schmerzanfall und ich begann hastig mit einem anderen Lied, um ihn abzulenken.

„Kein Bischof", stieß er hervor, als ich eine Pause machte.

„Wer dann?"

„Ich will dir etwas zeigen." Mühsam erhob er sich und tappte hinter den Vorhang. Als er zurückkam, hielt er mir zwei aneinandergebundene wachsbeschichtete Holztäfelchen entgegen. „Sogar in meinem Alter kann man das Schreiben noch erlernen", sagte er und es klang stolz. „Ich bin einer, der jeden Tag etwas hinzulernt. Siggilind, wie alt bist du?"

„Fünfzehn", antwortete ich.

„Sei froh, in diesem Alter kannst du alles lernen, wonach dir zumute ist. Die Finger deiner Hand sind gelenkig und biegsam genug, um den Schreibgriffel zu halten. Schau dir meine an –" Er legte seine großen breiten Hände auf die Leier. Die Finger waren verkrümmt, die Nägel eingerissen und schrundig. Es waren die Hände eines Kriegers, wie ich sofort erkannte. Dieser Mann hatte jahrzehntelang Speere geworfen und das Schwert geführt.

„Man muss reich sein, um lesen und schreiben zu lernen oder ein Geistlicher", wendete ich ein. „Und was nützt es?"

„Was es nützt?" Jetzt schien er keine Schmerzen mehr zu spüren. In seinen Augen flackerte es und seine Stimme wurde kräftiger. „Lesen lernen ist die wichtigste Sache für jeden Menschen. So kann er die Heilige Schrift lesen und die Gesetze studieren."

Verwirrt sah ich ihn an. Was redete er da nur? „Aber kein Mensch, den ich persönlich kenne, kann es, außer dem Pfarrer in Birkenholm."

„Stell dir einmal vor, auch die anderen Leute in Birkenholm vermöchten es."

„Selbst dann besäßen sie noch keine Schriften und Bücher." Ich fand den Alten sehr einfältig. Das Evangelienbuch in der Kirche würde sich schnell abnützen, wenn weitere Menschen darin lasen. Mit gutem Grund schloss unser Pfarrer das kostbare große Evangeliar jeden Abend in einem schweren Schrank ein, dessen Schlüssel er an einer Kette am Hals trug.

„Siggilind, ich möchte, dass die Kunst des Lesens und Schreibens sich im ganzen Frankenreich verbreitet und dass in jedem Ort, wo eine Kirche oder ein Kloster steht, auch Schriften und Bücher sind." Er sprach jetzt in strengem, fast ärgerlichem Ton. „Die Menschen brauchen nicht nur Brot und Milchbrei zum Leben, sondern auch das Wissen. Der Mensch lebt nicht vom Brot allein."

Ich prustete los. „Gut, dass du nicht zu bestimmen hast, was die Menschen im Land tun und lassen. Sonst müssten wir am Ende noch alle lesen lernen."

„Siggilind, du wirst schon in den nächsten Tagen auf der Bank unter den Klosterschülern sitzen und Buchstaben in die Schreibtafeln ritzen."

Ich wollte lachen, doch das Lachen erstarb mir. Grimo war wieder eingetreten und warf mir einen seltsamen Blick zu.

„Sie ist eine gute Sängerin", sagte der kranke alte Mann. „Eine außergewöhnliche Stimme. Aber sie hat schlechte Manieren und sie ist ungebildet. Grimo, sie soll einen Platz in der Palastschule erhalten, damit sie lesen und schreiben lernt, rechnen und höfisches Benehmen. Ich bestimme es."

Damit war ich nicht einverstanden. Was fiel ihm ein!

„Aber ...", begann ich. Grimo verdrehte entsetzt die Augen und der Alte fiel mir ins Wort.

„Kein Aber."

Er sah mich streng an. „Ich bin Karolus, falls du den Namen schon einmal gehört hast."

„Karolus?" Jetzt dämmerte mir etwas. Ich bekam einen Hustenanfall vor Entsetzen über meine furchtbare Unhöflichkeit. „Doch nicht der Kaiser?"

Der Alte lächelte nur verschmitzt. Ganz langsam überwand ich meine Fassungslosigkeit.

„Gut", sagte ich. „Dann erlaubt bitte, dass ich Euch noch einige Fragen stelle." Ich dachte an mein Loblied für ihn. Vielleicht konnte ich Nützliches über ihn erfahren.

Er schien es sich zu überlegen. Plötzlich verkrampften sich seine Hände wieder und er suchte Halt an der Wand. Offenbar waren die Schmerzen wieder über ihn gekommen.

„Wenn du dabei leise weiterspielst, werde ich sie beantworten. Verlass uns bitte, Grimo, und warte im Treppenhaus."

Der Hofnarr verbeugte sich und verschwand eilig.

Karl schloss die Augen und lehnte sich auf seinem Stuhl zurück, während ich die Leier wieder in den Arm nahm und die Saiten erklingen ließ.

„Musik. Wie wunderbar. Seit ich denken kann, nichts als Krieg", murmelte er, mehr zu sich selbst. „Tote Männer, Verwundete, Gebrüll aus tausend Kehlen, Blut und Siegestaumel –"

„Erzählt mir davon", begann ich, „ich möchte wissen, welchen Sieg Ihr für Euren größten haltet."

Ich zupfte die Saiten und bemühte mich, leise zu spielen, um jedes Wort des alten Kaisers zu verstehen. Mein Herz klopfte

dabei wie
die Hufe ei-
nes durchge-
gangenen Pferdes, das
über eine Holzbrücke galoppiert.
„Ich habe fast immer gesiegt." Bei der
Erinnerung an seine Taten lächelte Karolus in sich hinein. Und dann schwieg
er so lange, dass ich Angst hatte, er
sei eingeschlafen.
„Über die Awaren?", fragte ich behutsam.
„Eine Woche vor dem Weihnachtsfest im Jahr des Herrn 775
traf mein größter Gegner, der Sachse Widukind, in der Pfalz
Attigny ein. Ich hatte ihn eingeladen, er solle sich am Weihnachtstag taufen lassen, und ihm angeboten, sein Taufpate zu
sein. Ich hatte nicht die geringste Hoffnung, dass er käme. Nach

endlosen Kämpfen, nach Gräueltatcn auf beiden Seiten, Mord und Totschlag über Jahrzehnte hinweg, wusste ich, er konnte nicht kommen. Es war unmöglich. Natürlich hielt er die Einladung für eine Falle, für eine List, um ihn endlich zu fangen." Wieder verfiel er in nachdenkliches Schweigen.

„Aber er ist gekommen", ermunterte ich ihn.

„Ja, denn auch er wollte den Frieden nach Jahren voller Kampf, Hass und Zerstörung. Für den Frieden ging er das Wagnis ein." Karls Augen sahen in die Ferne.

„Er war ein mutiger Mann. Häuptling Heiko erzählt oft von ihm."

„Er kam nach Attigny, mit seiner Familie und seinem ganzen Gefolge. Hunderte von Sachsen stiegen an diesem Weihnachtsfest in das Taufbecken und nahmen den christlichen Glauben an. Es war das Versöhnungsfest mit uns, den Franken. Von diesem Tag an sind wir zu einem Volk verschmolzen. Das war der größte Sieg meines Lebens." Karl lächelte wieder auf seine seltsame Art. „Nun ja, wohl eher der zweitgrößte, bei Lichte betrachtet", fügte er leise hinzu.

Verwirrt sah ich ihn an. „Wie meint Ihr das?"

Er winkte ab. „Spiel weiter."

Der Mond schien zum Fenster herein. Ich sah seinen Schein durch die dünnen Ledervorhänge hindurch. Ich spielte alle Lieder, die ich kannte, nur ihre Melodien. Denn zum Singen war ich jetzt, tief in der Nacht, zu müde. Dem Kaiser war die

Schläfrigkeit anzusehen, doch die Schmerzen, die ihn quälten, hielten ihn wach. Deshalb nutzte ich die Gelegenheit, ihm weitere Fragen zu stellen.

„Und was, bitte, würdet Ihr als Euren größten Schatz bezeichnen?" Ich hoffte, nähere Einzelheiten zur unermesslichen Beute aus dem Awarenkrieg zu erfahren.

„In meiner Schatzkammer, die dir Grimo vielleicht schon gezeigt hat, lagern alle Kostbarkeiten, die wir Franken erobert haben. Außerdem die Geschenke, die uns die Gesandten fremder Völker gebracht haben. Hattest du Gelegenheit, die Orgel zu hören?"

„Leider noch nicht. Ich habe sie nur gesehen."

„In einem steinernen Regal liegen Barren aus Gold und Silber wie Brotlaibe im Bäckerladen. Könige brauchen viel davon, um Münzen zu prägen und ihre Gefolgsleute zu entlohnen und Waffen zu kaufen. Der Frankenkönig benötigt sein Gold vor allem, um die Kirchen auszuschmücken. Gold und Silber sind die Voraussetzung, um einen Staat zusammenzuhalten."

Ich nickte. Karl hustete heftig und spuckte aus. Besorgt betrachtete ich den alten Mann. Doch trotz seiner Schwäche strahlte er eine merkwürdige Kraft aus.

„Schon mein Vater Pippin hat sich bemüht, Reliquien zu erwerben", fuhr er fort. „Eine der kostbarsten Reliquien im Besitz der fränkischen Könige ist der Mantel des heiligen Martin, die *capa*, nach der die Kapella und der Kapellanus ihre Namen haben. Außerdem besitzen wir einen Nagel vom Kreuz, an das

Jesus geschlagen wurde, und ein Stück der Lanze, mit der der römische Soldat in die Seite des Gottessohnes stieß, um zu überprüfen, ob er tot war." Karl lehnte sich in seinem Stuhl zurück und schloss die Augen. „Aber mein größter Schatz ist etwas noch Kostbareres."

Ich legte die Hände auf die Leier und hörte nur noch zu. Es machte ihm nichts aus, dass ich nicht mehr spielte. Seine Schmerzen waren offenbar verflogen. Gespannt sah ich ihn an. Was konnte noch kostbarer sein als Gold und Silber und die heiligen Reliquien?

„Der größte Schatz, den ich zusammengetragen habe, sind Schriften aus allen Teilen der Welt. Ich habe sie mir vom Papst in Rom erbettelt, in Bagdad, Damaskus und Jerusalem für

große Summen kaufen lassen, in Oberitalien abschreiben lassen. Alles habe ich getan, damit in meinen Pfalzen, in den Kirchen und Klöstern des Frankenreichs möglichst alle Schriften der alten Zeiten vorhanden sind."

„Ihr meint die Evangelien?", fragte ich ehrfürchtig.

„Ja, aber noch viel mehr. Die alten Handschriften, auf denen die Evangelien in griechischer Sprache aufgeschrieben wurden, die Briefe der Apostel und die Bücher der Kirchenlehrer, die Urschrift der Benediktregel*, die Bücher des heiligen Augustinus und auch die Gedichte und wissenschaftlichen Abhandlungen der Heiden aus römischer und griechischer Zeit."

„Und diese Schriften haltet Ihr für wertvoller als Gold und Waffen?" Ich runzelte die Stirn. Er sagte wirklich sonderbare Sachen.

„Unbedingt", sagte er. „Deshalb lasse ich sie abschreiben und an viele Orte schicken. Auch du wirst in der einen oder anderen Schrift lesen oder sie vorgelesen bekommen, wenn du noch eine Zeit lang hierbleibst."

Es entstand eine Pause, so als wollte der Herrscher damit ausdrücken, er habe zu meiner Frage jetzt alles gesagt.

„Möchtest du noch etwas von mir wissen?", fragte er plötzlich. Ich fuhr zusammen und dachte blitzschnell nach. Er hatte über seine Heldentaten im Krieg noch nichts gesagt.

„Was haltet Ihr für Eure größte Eroberung?"

Auch diesmal lächelte er bei meiner Frage und schien kurz nachzudenken.

„Ich habe einen ganz besonderen Langobarden eingefangen und einen gewaltigen Westgoten. Und der wildeste Angelsachse ist mir auch ins Netz gegangen."

Endlich waren wir bei den Kriegen angekommen, das gefiel mir.

„Erzählt bitte ausführlich von diesen Taten", bat ich.

„Die Langobarden waren schwer zu erobern. Ihr Volksstamm

siedelte in Oberitalien und ihr König Desiderius machte dem Papst in Rom Schwierigkeiten. Ich zog mit einem Heer gegen sie und eroberte Stadt für Stadt. Desiderius floh. Es endete damit, dass ich ihn und seine Familie in Klosterhaft setzte. Aber der Adel unterwarf sich nur unwillig. Viele von ihnen wurden zu Kerkerhaft verurteilt und verloren ihren Besitz. Einer der Schlimmsten war Arechis. Er hatte aus einem Hinterhalt viele tapfere Franken getötet, dafür musste er büßen." Er schlug mit der Faust auf den kleinen Tisch, fuhr jedoch sofort vor Schmerzen zusammen. „Seine Frau hatte fünf kleine Kinder und nichts zu essen für sie. Von einem Tag auf den andern stand sie auf dem Marktplatz und den öffentlichen Straßen, die beiden jüngsten im Arm, und zitterte vor Scham, wenn ein Vorübergehender ihr ein Geldstück in die Hand drückte."

„Und die Heldentat?", fragte ich.

„Das Dumme war nur, dieser Arechis hatte einen Bruder namens Paulus Diaconus."

„Was war mit ihm?"

„Paulus hatte die Töchter des langobardischen Königs unterrichtet. Er galt als der beste Lehrer weit und breit. Er sprach sogar Griechisch und hatte ein Geschichtsbuch verfasst. Diesen Mann wollte ich als Lehrer für meine Kinder gewinnen."

„Ist es Euch gelungen?"

„Paulus bat mich darum, seinen Bruder freizulassen – Arechis, den Aufwiegler. Als Gegendienst bot er an, einige Jahre bei mir zu verbringen."

„Habt Ihr Euch darauf eingelassen?"

„Ich habe Arechis die Freiheit geschenkt und dadurch Paulus' Freundschaft errungen. Er blieb fünf Jahre bei uns, gab den Kindern Unterricht, schrieb Gedichte für mich und einige Abhandlungen."

„Das war die Eroberung?", fragte ich erstaunt.

„Ihr Sachsen glaubt wohl, nur Land, Vieh und Gold und Silber sind Eroberungen." Karl kniff die Augen zusammen und fuhr

fort: „Paulus ist so wertvoll wie eine ganze Bibliothek voller Bücher. In ihm befinden sich Wissen, Kenntnisse und große Klugheit. Aber mit Gewalt konnte ich ihn nicht gewinnen. Ich wollte ihn nicht als Diener, er sollte mein Freund und Lehrer sein." Er seufzte. „Ich fürchte, du bist zu jung, um mich zu verstehen."

„Und was war mit dem Angelsachsen und dem Westgoten?" Ich musste gähnen, obwohl es unhöflich war.

„Wenn du wüsstest, was ich alles getan habe, um den gelehrten Alkuin aus Angelsachsen an meinem Hof zu halten. Kloster um Kloster, Landgut um Landgut, das beste Weideland habe ich ihm geschenkt für seine kostbaren Ratschläge. Zehntausende von Schafen besitzt er. Doch was ist das alles gemessen daran, was er mir gegeben hat! Wenn ich ungerecht werden wollte, hat er mich besänftigt. Er ist ein mutiger Mann. Er als einziger hat mir ins Gewissen geredet, euch Sachsen milder zu behandeln." Der alte Mann hatte sich in Begeisterung geredet. „Alkuin und der Westgote Theodulf haben meine Kinder erzogen, mit dem Ergebnis, dass sie gebildeter sind als ich, sogar die Töchter. Lesen und Schreiben ist für sie selbstverständlich. Sie können sogar lateinische Gedichte verfassen und Griechisch sprechen."

Karl lehnte sich zurück und schloss die Augen. Jetzt sah er zufrieden aus.

„Und Theodulf! Er schreibt die Briefe, die ich dem Papst nach Rom sende, so gelehrt ist er. Ein Herrscher muss nicht alles

selbst wissen, aber er sollte die richtigen
Ratgeber um sich versammeln."
„So hält es auch Häuptling Heiko",
bemerkte ich.
„Heiko? Doch nicht der Freund
Widukinds, der damals am
Fluss Süntel*..."
„Genau der." Ich war stolz,
dass Häuptling Heiko hier
nicht unbekannt war.
„Geht er sonntags in die
Kirche?" Plötzlich war Karl wieder hellwach.
„Fast immer", log ich.
Der Kaiser hielt sich die Hand vor den Mund und gähnte eben-
falls. „Paulus, Alkuin und Theodulf jedenfalls sind meine größ-
te Eroberung. Ich hoffe, damit ist deine Frage beantwortet."
Ganz leise war Grimo eingetreten.
„Ich glaube, ich nehme Siggilind jetzt wieder mit", schlug er
vor.
„Ab morgen sitzt sie in der Palastschule", donnerte der Kaiser
hinter uns her, als wir uns zum Gehen wandten. Ich war er-
staunt, dass er noch so hellwach war. „Noch etwas, Siggilind!"
Ich stockte und drehte mich zu ihm um. Er war aufgestanden
und stapfte auf mich zu. An seinem Gürtel klapperte etwas.
Ich sah genauer hin. Es waren zusammengebundene Schreibtäfelchen und ein Griffel. „Man hat mir berichtet, dass du ein

Laudes auf mich dichten willst. Es gibt schon viele solcher Lieder, aber keines besingt meinen größten Sieg. Den größten Sieg nicht als König, sondern als Mensch. Sieh zu, ob du herausfinden kannst, was es ist. Er hat mit meinem größten Schatz zu tun. Wenn du es herausbekommen hast, darfst du dein Laudes vor dem Hof spielen."

Bevor ich etwas sagen konnte, schob Grimo mich zur Tür hinaus.

Das Leben Karls des Großen

Im April 742 wurde Karl geboren. Sein Vater war der klein gewachsene Pippin, der keinen einzigen Feldzug verlor, seine Mutter Bertrada, eine Adlige mit reichem Landbesitz zwischen Maas und Mosel. Er hatte einen zehn Jahre jüngeren Bruder, Karlmann, und die Schwester Gisela, die später Äbtissin in Chelles wurde. Über seine Jugend ist wenig bekannt.

Karl war sehr groß, etwa 1,90, ein Riese mit einer hellen Stimme. Er war ein freundlicher, redseliger Mann, der seine Freunde und seine Familie stets auf seine Reisen mitnahm. Seine Söhne ließ er neben sich herreiten, die bildschönen Töchter begleiteten ihn in einem Wagen. Beim Essen bedienten ihn die anwesenden Kinder und scharten sich am Tisch um ihren Vater. Karl liebte eine anspruchsvolle Unterhaltung während des Essens. Man versuchte, spitzfindige Rätselgedichte zu lösen. Der angelsächsische Ratgeber Alkuin trainierte Karls Söhne und Töchter darin, schlagfertige Antworten zu geben. Wir wissen, dass seine Schwester Gisela Karl beriet. Gisela, Äbtissin des Klosters Chelles mit einem eigenen Scriptorium, war damals die wohl gebildetste Frau im Frankenreich – sie sprach und schrieb sogar Griechisch. Auch seine Mutter Bertrada schätzte und ehrte Karl, aber ohne ihre politischen Ratschläge zu befolgen.

Karl war fünfmal verheiratet. Seine Frauen waren Himiltrud, dann eine Tochter des Langobardenkönigs Deside-

rius, die er bald verstieß, Hildegard, Fastrada und Liutgard. Insgesamt hatte Karl etwa 20 namentlich bekannte Kinder, um die er sich sehr kümmerte. Seine Töchter ließ er zu seinen Lebzeiten nicht heiraten – Schwiegersöhne hätten die Herrschaft seiner Söhne bedrohen können. Alle Töchter stattete er reich mit Klöstern und Abteien aus, denen sie als Laienäbtissinnen vorstanden. Nach Karls Tod schickte Ludwig seine Schwestern vom Aachener Hof fort auf diese Besitzungen. Von Karls ehelichen Söhnen überlebte nur der jüngste, Ludwig, den kaiserlichen Vater. Er wurde 813 zum Mitherrscher gekrönt und übernahm nach Karls Tod im Jahr 814 die Regierung.

Zweimal erhoben sich nahe Verwandte gegen Karl: sein Cousin Tassilo und später sein erstgeborener Sohn Pippin. Beide wurden nicht hingerichtet, sondern in Klosterhaft gegeben.

Mit Papst Hadrian I. (772–795) war Karl freundschaftlich verbunden und beweinte ihn bei seinem Tod wie einen Bruder. Dessen Nachfolger Leo III. (795–816) krönte Karl am Weihnachtstag des Jahres 800 in Rom zum Kaiser.

Karl der Große. Reiterstatue aus dem 9. Jahrhundert

Karl verbrachte Frühjahr und Sommer in der Regel mit Kriegsführung, im Herbst begab er sich auf eine Pfalz, um zu jagen. Sein Lieblingsessen war scharf angebratenes Fleisch, wovon ihm die Ärzte im Alter abrieten. Die Gicht, die ihn in seinen späten Jahren plagte, war vermutlich auf diese Ernährung zurückzuführen. Gicht verursacht starke Gelenkschmerzen und -verformungen und kann zu Nierensteinen und Nierenversagen führen.

Noch im hohen Alter bemühte Karl sich, schreiben zu lernen; er schätzte Bildung und Wissen hoch ein. Er schickte seinen Freunden selbst verfasste lateinische Gedichte und ließ seine Kinder außer Latein sogar Griechisch lernen.

Seine Lieblingspfalz war die in Aachen, die er von 796 an als festen Regierungssitz aufs Prächtigste ausbaute. Über dem alten Marmorbad aus römischer Zeit, in dessen heilkräftigem warmem Wasser Karl mit bis zu hundert Gefolgsleuten badete, errichtete er seine Residenzbauten mit allem Prunk, der ihm möglich war. Bauleute und Architekten kamen aus Italien, Säulen und kostbare Steine, Statuen und Hölzer ließ Karl von überall her kommen, vor allem aus Oberitalien und den alten Römerstädten am Rhein.

Die karolingische Renaissance

Ein Dokument Karls des Großen spricht von der *Renovatio Romani imperii* (der Erneuerung des Römischen Reiches). Die Dichter aus der Umgebung des Kaisers nannten die Pfalz Aquis „ein neues Rom", Alkuin sprach sogar von einem „neuen Athen".

Gemeint waren damit die vielfältigen Bemühungen Karls und seiner Berater, das kulturelle Leben im Frankenreich auf ein höheres Niveau zu bringen. Das große Vorbild war dabei die römische Zeit, eine Phase großer kultureller Errungenschaften, deren Hinterlassenschaft damals noch

Karl sah sich als Nachfolger des ersten christlichen Römerkaisers Konstantin. Der Ada Kameo, der die Familie Konstantins darstellt, befand sich im Besitz von Karls Familie.

überall gegenwärtig war, in Städten wie Köln und Trier, aber vor allem in Italien und Rom. Die Künstler aller Sparten orientierten sich an diesen Vorbildern. Besonders deutlich wird dies beim Ausbau der Residenz in Aachen. Karl ließ Säulen und Kunstwerke aus Italien kommen. Ebenso aber besorgten sich Karl und die Äbte und Äbtissinnen seiner Zeit Schriften aus römischen Tagen. Man war stolz, Texte von römischen Autoren wie Vergil, Sueton und Vitruv zu bekommen. Lehrer wie Alkuin und Theodulf und der Sekretär Einhard beschäftigten sich mit diesen Autoren und versuchten, ihr Latein an ihnen zu verbessern.

Auf allen Gebieten bemühte man sich um Verbesserungen. In Karls Rundschreiben *De litteris colendis* („Über die Pflege der Schrift") gibt er Anordnungen zum Unterricht in der Hofschule und den Klöstern. Alkuin erhielt den kaiserlichen Auftrag, den Bibeltext von Fehlern zu befreien, und legte Karl Unterrichtsbücher vor, die dieser mit ihm durchging, bevor er sie billigte. Am Hof Karls dichteten nicht nur die Gelehrten und Dichter, auch Karl selbst schrieb an seine Freunde Briefe in Gedichtform, ebenso wie seine Kinder und weitere Verwandte. Aber auch um die Volkssprache – Thiudsk – kümmerte sich Karl und gab den Befehl, die alten germanischen Heldenlieder aufzuschreiben. Diese Sammlung ist allerdings nicht erhalten. Die „karolingische Renaissance" (von franz. *renaissance* = „Wiedergeburt") brach mit Karls Tod im Jahr 814 nicht ab, sondern setzte sich in den Klöstern und am Hof seines Nachfolgers Ludwig weiter fort.

Wichtige Männer am Hofe Karls

Alkuin (ca. 730–804): Der Angelsachse war eine der schillerndsten und einflussreichsten Gestalten an Karls Hof. Seine Erziehung erhielt er an der Kathedralschule von York in England. 781 begegnete er Karl in Parma, der ihn, fasziniert von seinem Charme und Geist, sofort für seinen Hof gewinnen wollte. Alkuin wurde in die Tafelrunde des Königs eingeladen und beriet und begleitete ihn. Alkuin stieg zum Leiter der Hofschule auf. Er wirkte mit an der *Admonitio generalis** und inspirierte Karl zu einigen seiner großen kulturellen Leistungen. Er dichtete und führte in der Tafelrunde Karls die „Hofnamen" ein, lateinische, griechische oder biblische Spitznamen – so hieß Karl „David", Einhard „Nardulus" (Ameise), Angilbert „Homerus". Alkuin bedrängte Karl auch, die Sachsen milder zu behandeln. Unermüdlich arbeitete er an der Verbesserung des Bibeltextes. Er erhielt von seinem kaiserlichen Herrn große Ländereien und zahlreiche Abteien zum Geschenk. Im Alter zog

Karl der Große lässt sich von Alkuin unterrichten.

er sich in das Kloster St. Martin in Tours zurück. Er schrieb Hunderte von Briefen an Karl und seine Verwandten und Freunde. Viele davon sind noch erhalten.

Paulus Diaconus (ca. 720/730–ca. 799) war ein Langobarde aus vornehmer Familie. 782 reiste er an Karls Hof, um die Freilassung seines Bruders zu bewirken, eine Bitte, die Karl ihm nach einigem Zögern gewährte. Im Gegenzug musste der hochgebildete Paulus einige Jahre als Dichter, Berater und Gelehrter am Hof bleiben. Außer etlichen überlieferten Briefen schrieb er Gedichte und Geschichtswerke.

Petrus von Pisa war seit 742/44 Diakon am Hof Pippins. Er unterrichtete später als alter Mann Karl in Latein und schrieb eine lateinische Grammatik. Er verfasste Briefgedichte an Paulus Diaconus.

Der Westgote **Theodulf** (ca. 760–821) wirkte seit etwa 780 am Hofe Karls als Dichter und Theologe. Auch als Königsboten setzte Karl ihn ein. Er war wohl der eigentliche Verfasser der *Libri Carolini,* sozusagen Karls Ghostwriter. Diese „karolinischen Bücher" waren ein theologisches Werk. Es ging darin um die Frage, wie die Bilder verehrt werden sollten. Um 800 entstand Theodulfs in fast 50 Handschriften überliefertes Werk *Capitula Theodulfi,* eine Art Handbuch für die Pfarrer seiner Bischofsdiözese. Von seinen schönen Gedichten sind heute noch etwa 80 überliefert.

Die Schreiber

Ich hatte nur wenige Stunden Schlaf gehabt, als der Hofnarr und Richold mich abholten. Der Kaiser hatte befohlen, mich auch diesen Tag noch durch die Pfalz zu führen. Aber am nächsten Tag sollte ich die Schulbank in der Palastschule drücken. Er hatte es angeordnet, ohne mich überhaupt zu fragen. Er verfügte einfach über mich. Ich ärgerte mich und grübelte gleichzeitig darüber nach, was er wohl mit seinem allergrößten Sieg gemeint haben könnte, den ich besingen sollte. Richold und Grimo rissen mich aus meinen Gedanken. Hastig schüttete ich ein paar Schlucke warme Milch hinunter und stellte den Becher zurück.

„Ich hab schon gehört, was passiert ist." Richold grinste unverschämt. „Du sollst Latein lernen."

Ich erschrak. „Von Latein war nicht die Rede."

„An Latein führt in der Palastschule kein Weg vorbei", sagte Grimo.

„Das hast du mir eingebrockt. Du hättest mich warnen können." Ärgerlich funkelte ich ihn an.

Richolds Grinsen wurde noch breiter: „Hättest du denn auf ihn gehört?"

Wieder standen wir vor einer prächtig geschnitzten Holztür. Auf dem steinernen Balken über ihr war eine Inschrift eingraviert, die ich nicht lesen konnte. Geschriebenes beeindruckte mich damals, als ich noch nicht schreiben konnte, ganz besonders. Für mich war es ein Zauber, den man sich entziffern lassen musste. Aber dass ich es lernen sollte, ich, Siggilind – unvorstellbar.

„Was steht da geschrieben?", fragte ich Richold.

„Ich weiß es nicht. Es ist Latein. Grimo, kannst du es verstehen?"

Grimo trat vor und übersetzte uns:

„Hier sollen alle sitzen, die den Wortlaut der Heiligen Schrift abschreiben. Sie sollen sich vor jedem leichtfertigen Wort hüten, damit nicht wegen solcher Späße ihre Hand irrt. Sie sollen sich um die Herstellung fehlerfreier Bücher bemühen und ihre eilende Feder auf den rechten Weg führen."

„Jetzt müssen wir leise sein", Richold hielt den Zeigefinger vor den Mund, als er die Tür aufhielt.

In dem großen Raum befanden sich zahlreiche Mönche an einzelnen Pulten, umgeben von ihrem Arbeitsgerät. Alle saßen auf bequemen Polsterbänken und hatten die Füße auf kleine Schemel gestellt. Einige hatten flauschige Wolldecken über die Knie gelegt und stützten die Arme auf weiche Kissen.

„Das ist ja wie in einem Wirtshaus", flüsterte ich. „So ein Leben wünsche ich mir auch."

„Schau in ihre Gesichter", raunte Grimo mir zu.

Ich schämte mich sofort für meine vorwitzige Bemerkung. Die Schreiber waren alle mit äußerster Konzentration bei der Arbeit. Jedem von ihnen war die Anspannung anzusehen. Immer

wieder hoben sie die Köpfe und lauschten den Worten des Vorlesers. Dieser alte Mönch mit einem kurz geschorenen weißen Bart stand vor einem Pult am Ende des Raums und las mit erhobener Stimme aus einem Buch vor. Obwohl er jedes Wort klar und deutlich aussprach, verstand ich überhaupt nichts. Fragend sah ich zu Richold.

„Es ist Lateinisch. Er diktiert den Schreibern", flüsterte er mir zu.

„Und sie verstehen ihn?", wisperte ich zurück.

„Natürlich. Latein haben sie alle gelernt."

Der Vorleser verstummte immer wieder für ein paar Momente, dann war nur noch das Kratzen der Federn auf den Pergamentseiten zu hören.

„Verstehst du Latein, Richold?"

„Ein paar Worte, das, was man so aufschnappt." Richold zuckte die Achseln.

„Ich kann nur ein paar Redewendungen aus der Kirche, *Kyrie eleison.* "

„*Kyrie eleison* ist Griechisch", mischte Grimo sich ein.

„Jetzt verliere ich langsam den Überblick. Lasst uns wieder an die frische Luft gehen", bat ich.

„Kannst du denn lesen und schreiben?", fragte ich Richold. Wir standen jetzt draußen und ich sprach wieder mit normaler Stimme. Er errötete.

„Ich war kurze Zeit in einem Kloster. Das meiste habe ich längst vergessen", sagte er verlegen. „Ein Scaramann muss keine Briefe schreiben, das ist wirklich zu viel verlangt. Ich kann meinen Namen schreiben, das können die wenigsten von sich sagen."

„Mir würde das nicht genügen", sagte ich. „Wenn ich angefangen hätte, Buchstaben zu lernen, möchte ich schon alle schreiben und lesen können."

Richold lächelte, Grimo aber sah mich ernst an.

„Und das wirst du auch, sorge dich nicht. Tatsache ist, Mädchen lernen diese Künste leichter als Knaben. Und wenn sie sie einmal erlernt haben, vergessen sie sie nicht so schnell wieder."

Damals überblickte ich nicht, worauf ich mich einließ. Es fiel mir nicht leicht, Buchstaben zu schreiben. Vielleicht war ich mit meinen 15 Jahren schon zu alt dafür. Aber ich dachte nie daran aufzugeben.

8 Kyrie eleison – *griech. „Herr, erbarme dich"*

Tag für Tag saß ich nun in der Palastschule zwischen den jüngsten Töchtern des Kaisers, Theodrada und Hiltrud und anderen adligen Mädchen.

„Es ist erst das Trivium*", belehrte uns der Magister, wenn wir jammerten. „Die untersten Stufen des Wissens. Viel zu wenig für eine Äbtissin." Damit warf er mir einen strengen Blick zu.

Für mich stand aber fest, dass ich keine Klosterfrau werden wollte, so verlockend die Erzählungen über das reinliche Leben mit dem üppigen Essen auch waren. Du weißt ja, Richard, im Kloster gibt es Medizin für die Kranken, reichhaltiges Essen, Wein und Bier und niemals Hunger wie auf dem Land. Selbst in Zeiten größter Not liegen noch Weinfässer im Klosterkeller und hängen ein paar Schinken in der Vorratskammer. Doch das Klosterleben reizte mich trotzdem nicht. Eine Sängerin ist nicht geboren für ein Leben der Stille.

Wir trugen saubere Gewänder und gingen jeden Morgen zur Messe. Danach begann der Unterricht in einem Gebäude nicht weit von der Pfalzkapelle* entfernt. Über dem Unterrichtsraum befand sich der Schlafsaal der adligen Schülerinnen, in den auch ich einzog. Er war sehr sauber, es gab hier weder Flöhe noch Wanzen. Und aus einem Kamin drang angenehme Wärme. Jede von uns hatte ihr eigenes Bett. Einige Mädchen hatten ihre Jagdvögel auf einem Gestell neben sich. Aber mein Rabe Odo war jetzt leider bei Einhard und daran konnte ich nichts mehr ändern. Morgens vor der Schule versammelten wir uns zu einem kurzen Frühstück in einem großen Raum neben

dem
Schlafsaal.
Es gab Milchbrei
für jede von uns aus
einem eigenen Schüsselchen.
Auch um die Mittagszeit wurde das Essen auf einzelne Teller
ausgeteilt. Zu Hause in Birkenholm hatten wir alle aus einer
Schüssel gegessen.

„Essen alle Franken ihr Essen von einem eigenen Teller?", erkundigte ich mich bei Grimo.

„Es ist nur hier in der Umgebung des Hofes so", erklärte er.

„Sehr unpraktisch. Denk nur an die Arbeit, die die Mägde mit
dem Säubern des Geschirrs haben."

„Hier gibt es jede Menge fleißige Hände, Siggilind", beruhigte
er mich.

An manchen Abenden kam ein Bote und brachte mich in den
Wohnturm zur Kammer des Kaisers.

„Sing mir eins von den alten Heldenliedern auf Thiudsk", bat er, wenn ich eintrat. Er saß mit schmerzverzerrtem Gesicht auf seinem Sessel, die Füße auf einen Schemel gelegt, und nickte mir aufmunternd zu.

Immer wieder griff er nach den Schreibtäfelchen und dem Schreibstift, zog ein kleines Pult zu sich heran und begann, Buchstaben in das Wachs zu kratzen. Manchmal winkte er mich herbei.

Oh nein, dachte ich jedes Mal beim Anblick der ungeschickten zittrigen Buchstaben.

„Gut?", fragte er strahlend. „Dieses A und dieses M! Viel besser als gestern. Was meinst du?"

„Ja, es wird immer besser", log ich.

Er bewegte die gichtverkrümmten Finger. „Jeder Buchstabe tut weh", brummte er. „Aber Karl gibt nicht so schnell auf."

„Natürlich nicht. Ihr seid der Kaiser und eines Tages werdet Ihr ganze Sätze schreiben können."

„Hm. Ich weiß nicht. Aber ich wünsche es mir sehr." Er zog an den Enden des langen Schnurrbarts. „Kannst du schon ganze Sätze schreiben, Siggilind?"

„Ein paar."

„Und dein Latein? Wie steht es damit?"

„Ich kann jetzt das Pater noster", berichtete ich stolz.

„In der Jugend lernt man schnell und mühelos." Er schien sich über meine Fortschritte zu freuen. „Spiel weiter, lass dich nicht ablenken."

Ich sah ihn an und überlegte, ob ich ihm die Frage stellen konnte, die ich schon seit Tagen mit mir herumtrug. Er nickte mir aufmunternd zu.

„Eines Tages möchte ich aufhören mit dem Lernen in der Palastschule", platzte ich heraus. „Schließlich will ich ja Sängerin sein und nicht Schreiberin."

„Aber Siggilind, bedenk doch, wie nützlich es für eine Sängerin ist, wenn sie ihre Texte niederschreiben kann. Kein Gedanke geht dir dann mehr verloren."

„Aber es ist unendlich schwer und am Abend bin ich zu müde, um auf meiner Leier zu spielen."

Er setzte sich auf und sah mich streng an.

„Es ist viel leichter für dich als für mich. Und merk dir: Die guten Dinge im Leben erreicht man nur mit Anstrengung. Wer ein guter Reiter werden will, muss jeden Tag reiten. Um gutes Brot zu backen, musst du jeden Tag Brot backen. Genauso ist es mit dem Lesen, dem Schreiben und der Musik."

„Ohne Fleiß kein Preis", sagte ich.

„Woher kennst du dieses Sprichwort?"

„Häuptling Heiko ruft es immer, wenn die Jungen Speere werfen."

Karl verzog das Gesicht. Er mochte es nicht, wenn ich Häuptling Heiko erwähnte.

Die Lettern der Weisheit: Kampf gegen die Verwilderung von Sprache und Schrift

Karl der Große konnte lesen, was zur damaligen Zeit auch für einen König nicht selbstverständlich war. Er sprach fließend Latein und etwas Griechisch. Schreiben aber lernte er erst im hohen Alter. Wenn er nicht schlafen konnte, übte er auf Wachstafeln, doch seine Kriegerhände taten sich schwer mit den Lettern des Alphabets. Karl hielt Bildung für immens wichtig. Seine Kinder und mit ihnen junge Adlige erhielten daher eine sorgfältige Erziehung. Sie lernten sogar Griechisch, Latein verstand sich von selbst. Der Angelsachse Alkuin, der Langobarde Paulus Diaconus und Petrus von Pisa waren ihre Lehrer.

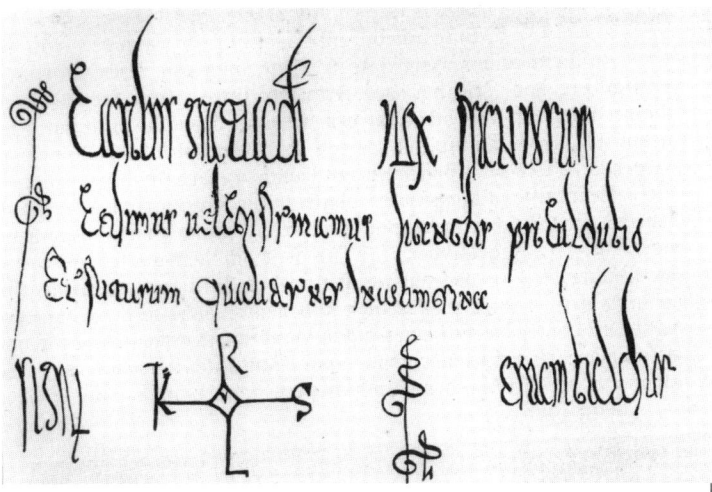

Unterschrift einer Urkunde mit dem Signum Karls des Großen

Unter den Merowingerkönigen war das Latein der römischen Zeiten überall verwildert. Man sprach nicht nur, man schrieb auch in den romanischen Dialekten. Grammatik, Rechtschreibung und Stil waren selbst bei hohen Geistlichen heruntergekommen. Karl war sich dieser Verfallserscheinung bewusst. Er hielt die Schreibstuben der großen Klöster an, sich um korrektes und genaues Abschreiben der alten Texte der Kirchenväter und Schriftsteller zu bemühen. Gegen Ende seines Lebens arbeitete er selbst in Aachen zusammen mit Gelehrten und Übersetzern aus Syrien und Griechenland an der Verbesserung der Evangelientexte.

Zur Zeit Karls wurden in den Klöstern und im Hofskriptorium von Aachen Tausende von Kodizes⁹ abgeschrieben und vervielfältigt. Karl und seinen gelehrten Freunden lag daran, zuverlässige, einheitliche Texte herzustellen. Sehr schwierig, wenn man bedenkt, dass Hunderte von Schreibern und Schreiberinnen in monatelanger Arbeit bei schlechten Lichtverhältnissen mit dem Abschreiben zu tun hatten. Der Buchdruck wurde erst im 15. Jahrhundert erfunden. Um alle Klöster und Kirchen im Frankenreich mit den notwendigsten Büchern auszustatten, war Karl jedoch kein Aufwand zu groß. Die Urschriften für Sakramentare (Messtexte), Homilien (Predigtsammlungen) und Dekretalen (Rechtssammlungen) ließ man aus Rom kommen. Eine Originalabschrift der Benediktsregel aus Monte Cassino wurde für alle Klöster kopiert. Um diese Regel zu befolgen, mussten die Mönche und Nonnen sie erst einmal haben. Auch wissenschaftliche Werke der römischen Gelehrten

---

9 Kodex, Kodizes – *lat. Buchband, Buchbände*

Plinius (Naturwissenschaft), Vege-
tius (Kriegskunst), Vitruv (Archi-
tektur) und Columella (Landwirtschaft) wurden vervielfältigt und
auf diese Weise für die Nachwelt
erhalten.

Für diese Schreibarbeiten wurde
eine einheitliche Schrift, die karolingische Minuskel entwickelt, les-
barer als die ineinanderlaufende
merowingische Schrift: Sie hatte
deutliche Ober- und Unterlängen
und Worttrennungen.

Zur Zeit Karls wurde in Europa fast
ausschließlich Pergament als Be-

schreibstoff für Dokumente und Bücher gebraucht. Das
Papier war zwar schon erfunden, wurde aber vorerst in
östlichen Ländern benutzt. Über China, Japan und Korea
hatte es sich im 8. Jahrhundert bis in den Orient verbreitet. Erst ab dem 13. Jahrhundert begann es, sich auch
in Europa durchzusetzen. *Vellum* (Kalbshaut) oder *per-
gamentum* (Schafshaut) wurde dem geschlachteten Tier
abgezogen, dann drei Tage lang in Kalkwasser gelegt, danach in ein Gestell gespannt, auf beiden Seiten abge-
schabt und getrocknet, mit Bimsstein geglättet und mit
Kreide eingefärbt. Für schnelle Notizen und Schreib-
übungen der Schüler benutzte man Wachstafeln, wie sie
schon die Römer gebraucht hatten. Ausgehöhlte Holz-
tafeln wurden mit schwarz eingefärbtem Wachs gefüllt.

Schreibender Mönch |

Die Täfelchen verband man mit Lederriemen zu einer Art Buch. Mit einem eisernen Stift wurden die Buchstaben eingeritzt. Die abgeflachte Seite am anderen Ende des Griffels half, das Wachs wieder zu glätten. Diese Art von Notizbuch wurde meist am Gürtel getragen. Nur die allerwenigsten Menschen lernten zu Karls Zeiten jedoch überhaupt schreiben. Nur in Klöstern und in der Palastschule konnte man diese Kunst erlernen, für die breite Masse galt es als überflüssig, schreiben zu können.

Der erste namentlich bekannte Schreiber war Winithar. In den Jahren von 765 bis 768 war er Dekan im Kloster St. Gallen am Bodensee, nach dem Abt der Ranghöchste. Er gehörte möglicherweise zur „Schreiberhorde" Alkuins. An neun Handschriften war er beteiligt, drei davon schrieb er ganz allein, dreimal spendete er das Pergament für die Bände.

Bücher waren für jedes Kloster notwendige Grundausstattung. Man benötigte sie für den Schulbetrieb, für die Predigtaufgaben und um sich mit den heiligen Schriften auseinanderzusetzen. „Ein Kloster ohne Bücher ist eine Festung ohne Truppen, eine Küche ohne Geschirr", schrieb der Augustinermönch Thomas von Kempen.

Karls Tafelrunde

Wie im Flug war ein Jahr vergangen. Ein Bote war in Birkenholm gewesen und hatte meinen Eltern die Nachricht überbracht, ich sei Sängerin in Aquis am Hofe Karls. Meine Eltern hatten dem Boten einen Korb voller Würste und wollener Strümpfe für mich mitgegeben, aber keine begeisterte Zustimmung verlauten lassen. Sie konnten nichts daran ändern, dass ihre Tochter in Aquis war, aber es gefiel ihnen nicht. Anders hatte ich es auch nicht von ihnen erwartet. Immerhin hatten sie keine Beschimpfungen ausgesprochen.

Ich konnte inzwischen fließend lesen und Sätze schreiben. Ich verstand, wenn jemand etwas Lateinisches sagte. Ich konnte sogar lateinische Lieder singen. Mein Loblied auf Karl hatte ich längst bei Einhard abgegeben. Sein letzter und größter Sieg, das wusste ich jetzt, war der, für den er mit Schreibtafeln und Griffel jede Nacht kämpfte. Er vermochte inzwischen einige Sätze zu schreiben mit seiner gichtverkrümmten alten Kämpferhand. Wissen war für ihn wichtiger als jeder Triumph auf dem Schlachtfeld. Ein wenig verstand ich ihn sogar – die Buchstaben auf den Seiten waren die Schlüssel zu vielen Geheimnissen.

Aber leider hatte Einhard sich nie mehr wegen des Liedes bei mir gemeldet. Wahrscheinlich gefiel es ihm nicht.

Der Unterricht war für heute beendet. Theodrada lachte mich vorwitzig an. Irgendetwas führte sie im Schilde.

„Heute wirst du mit uns allen zu Abend essen", sagte sie.

„Doch nicht etwa –"

„Genau das. In der Königshalle mit meinem Vater."

„Oh nein!"

„Du kennst ihn doch längst. Du singst ihm doch immer vor."

„Das ist etwas anderes."

„Mein Vater lädt dich ein", sagte Theodrada. „Du musst kommen. Und die Leier bringst du unbedingt mit."

In der Halle bereitete man den langen Tisch in der Mitte für die Mahlzeit des Herrschers vor. Einhards Blicke glitten über Tisch und Stühle und blieben kurz auf dem gepolsterten Ruhesitz in der Mitte stehen.

„Die Teller sind nicht sauber. Sie müssen noch einmal abgewischt werden", fauchte er ungnädig. Mit rotem Kopf eilte ein Junge in meinem Alter heran und rieb die silbernen Teller mit einem weißen Tuch nochmals blank.

Schwerfällig schob sich ein älterer dickbäuchiger Glatzkopf auf uns zu und tuschelte aufgeregt mit dem Nardulus in lateinischer Sprache. Als sie fertig waren, warfen sie mir bedeutsame Blicke zu.

„Sie wird erfreut sein", sagte Einhard und wendete sich an mich. „Ich habe es mir fast gedacht. Unser Dominus Karolus möchte dich während des Abendessens hören."

„Wie bitte?" Ich starrte ihn überrumpelt an. Es war Wochen her, seit ich das Schriftstück mit den Strophen Einhard gegeben hatte.

„Der Kaiser, dem du vorsingen wolltest, hat entschieden, dass du zwischen dem Spießbraten und den Geflügelstückchen auftreten kannst."

„Oh nein", sagte ich und hielt die Leier fest umklammert.

„Warte hier, bis ich dir das Zeichen zum Auftritt erteile", sagte Einhard.

„Und wohin soll ich mich begeben?"

„Auf diesen kleinen Tisch gegenüber dem Sitz des Kaisers."

Jetzt schon klopfte mein Herz vor Aufregung.

„Ich werde nicht einen Ton hervorbringen", murmelte ich.

„Du wirst es gut machen", versicherte Richold. „Du hast doch schon vor ihm gesungen."

„Ja, aber nicht in solcher Umgebung, vor ihm und dem ganzen Hof", murmelte ich nervös. „Bleib wenigstens hier", bat ich.

„Ich darf nicht." Er lächelte verlegen. „Ich bin nur ein Scaramann. Ich werde hinter der Tür lauschen."

Ich zog mich in eine Wandnische zurück und beobachtete das aufgeregte Treiben in der Königshalle. Zwei kostbar geschmückte junge Frauen stellten Schalen mit Blüten auf den langen Tisch, der mit einem weißen Leinentuch bedeckt war. Sie trugen ihr langes blondes Haar offen. Die eine hatte ein purpurfarbenes Band ins Haar geschlungen. Ein älterer Herr mit dickem Bauch kam herein. Aufgeregt winkte er. Eine weitere junge Blonde brachte einen Teller voller glänzender roter Äpfel. Zusehends füllte sich der Tisch mit leckeren Speisen. Frisches Brot wurde aufgetragen, Platten mit in Scheiben geschnittenem Hühnchen. Dann traten einige junge Männer in Jagdkleidung ein und legten Spieße mit im Feuer gebratenen Hasen und Wildschweinstücken um den Teller des Kaisers. Er würde nicht hungern müssen.

Plötzlich erscholl ein Trompetenstoß und diesmal trat ein hoch-
gewachsener älterer Herr ein, der nichts in den Händen hielt.
Unbekümmert sah er sich um, nickte mir lächelnd zu und
beugte sich über einen der Jagdspieße. Ich erkannte ihn kaum
wieder. Schon lange hatte Karl nicht mehr nach mir geschickt.
Es schien ihm besser zu gehen. Beim Gehen plagten ihn offen-

bar keine Schmerzen mehr und sein Gesicht wirkte weniger eingefallen und grau. Auch seine prächtige Kleidung trug dazu bei, ihn zu verändern.

„Lecker", sagte er, strich sich den Schnurrbart und wiederholte. „Ganz lecker. Wer hat das Wildschwein erlegt?"

„Ich, vor drei Tagen, mein Vater."

Erstaunt blickte ich zu Theodrada hin. Meine goldblonde Mitschülerin hatte eigenhändig ein Wildschwein getötet?

„Sehr gut, Theodrada. Am liebsten möchte ich dir jetzt eine Abtei schenken."

„Ich habe doch schon drei, Vater."

„Merk dir eins, Kleine. Wenn dir der König der Franken etwas schenkt, schlägt man es nicht aus. Das ist unhöflich."

„Danke für die Belehrung, mein Vater."

Der blonde Junge, der eben noch die Teller gesäubert hatte, nahm dem Kaiser den blauen Mantel ab und hängte das Schwert an der Lehne des gepolsterten Stuhls auf. Im Licht der an den Wänden brennenden Pechfackeln konnte ich den alten Mann genauer betrachten, als es mir des Nachts beim Vorsingen in dem dunklen Raum je möglich gewesen war. Außerhalb seines Zimmers hatte ich ihn noch nie aus der Nähe gesehen. Er war sehr groß, sein Nacken war dick und etwas kurz geraten und unter dem Wams zeichnete sich der rundliche Bauch ab. Er hatte einen runden Kopf, große, lebhafte Augen, eine etwas zu große Nase, schöne graue Haare und ein freundliches offenes Gesicht. Über den normalen fränkischen Hosen trug er einen hellblauen Kittel, der an Hals und Ärmeln mit leuchtenden Seidenstreifen abgenäht war.

Einhard war auf ihn zugeeilt und half ihm, sich niederzusetzen, während Angilbert ihm den Stuhl zurechtrückte. Theodrada und Hiltrud nahmen links neben ihm Platz. Die älteren Töchter Berta und Rotrud, die ich schon vorhin beobachtet hatte, saßen zu seiner Rechten und ermahnten die jüngsten Kinder, die noch sehr klein waren und sich dauernd kichernd anstießen. Ein kleines Mädchen zog ein anderes, rothaariges, an den Haaren, worauf ein silberner Wasserbecher umfiel. Ein Mönch, wohl der Erzieher der beiden, sprach lateinisch auf sie ein. Zwei riesige Jagdhunde kamen hereingelaufen und legten sich unter den Tisch auf die Füße Karls, der ihnen Brotstücke und Wildschweinknochen zuwarf.

Der Saal füllte sich mit immer mehr Menschen, die alle am Tisch Platz nahmen. Ungezwungen wurde geplaudert und hin und her gerufen. Diener brachten Platten und nahmen Geflügelknochen und Wasserkannen mit hinaus.

Ich drückte die Leier fester an mich und sah zu Einhard hin. Odo saß wie angewachsen auf seiner Schulter. Doch der Nardulus gab nicht das versprochene Zeichen. Am Ende hatte er mich vergessen, so vertieft, wie er in seine Gespräche war. Und jetzt trugen die Diener auch schon die langen Jagdspieße hinaus. Karolus wischte sich mit einem weißen Tuch die Schnurrbartenden sauber. Zwischen Jagdspießen und Hühnerfleisch sollte ich singen, so hatte ich es jedenfalls verstanden. Ich schluckte und räusperte mich. Jetzt war meine Kehle frei. Dann stand ich auch schon auf dem Tisch. Rasch erhob sich jetzt der Nardulus, ihm entging wirklich nichts, verneigte sich tief vor dem Kaiser und der Abendgesellschaft und sprach ein paar lateinische Sätze.

„*Puella Saxonica* Siggilind" – mehr verstand ich vor Aufregung nicht. Jetzt hatte ich schon so oft abends vor dem Kaiser gesungen und trotzdem zitterten mir angesichts der großen Gesellschaft die Hände. Und Richold? Der hörte zweifellos auch zu, wenn auch draußen vor der Tür.

„Die Sächsin Siggilind hat ein Loblied auf den Kaiser gedichtet. Sie singt es auf Thiudsk, damit alle es verstehen können."

„So ist es", sagte ich und ließ die Finger über die Saiten meiner Leier gleiten.

Es waren mehrere neue Strophen hinzugekommen. Die über den Weinbau, den Karl bis in die sächsischen Gegenden gebracht hatte, die über die Schönheit der Pfalz Aquis, die über seinen Sieg über Widukind, über seine größte Eroberung und seinen größten Schatz und – die über die „Lettern der Weisheit", wie ich seinen größten Sieg genannt hatte.

Ich begann zu singen und ließ die Finger über die Saiten fliegen. Nur langsam gewann ich Sicherheit. Würde das Lied der Gesellschaft gefallen? Der Teppich auf dem Boden der Halle dämpfte die Töne und ich konnte nur hoffen, dass mein Lied überhaupt verstanden wurde.

Ich kam zum Schluss:

---

10 **puella Saxonica** – *lat. „sächsisches Mädchen"*

„Wer lesen und schreiben kann, Karolus,
hat die Welt erobert und braucht nichts mehr –
danke, dass wir jetzt wissend sind."
Der Kaiser erhob sich und klatschte zuerst Beifall, in den die
anderen einfielen. Mit rotem Kopf stand ich da; Erleichterung
durchströmte mich. Ich hatte vor dem Kaiser und seiner Hof-
gesellschaft gesungen! Und es hatte ihm gefallen!
Gerade als ich von meinem Tisch herabsteigen wollte, stürzte
eine ältere Dame mit klirrenden Schlüsseln und einem kleinen
Marderpelz am Gürtel aufgeregt auf mich zu.
„Siggilind, du bist ja eine richtige Dichterin geworden", rief sie.
Überrumpelt starrte ich sie an. Wer war sie nur?

„Schon damals, als ich dich aus der Taufe hob, wusste ich, dass du etwas Besonderes werden würdest", rief die Dame bewegt.

Konnte sie tatsächlich meine Patentante sein? Als sei ich ein Kind, hob Tante Berta mich von meinem Sängerpodest herunter. „Dein Lied war sehr schön. Der Kaiser hat gelacht und geklatscht." Sie beugte sich über mich und küsste mich. „Nimm diesen Marderpelz", sagte sie dann und heftete mir den dunklen Balg auch schon am Gürtel fest. Erfreut betrachtete sie mich. „Die Stupsnase hattest du schon als kleines Mädchen. Am liebsten hätte ich dich damals mit nach Aquis genommen, um für eine echte christliche Erziehung zu sorgen. Aber das konnte ich deinen Eltern nicht antun. Wie schön, jetzt holst du das alles nach. Lebt eigentlich Häuptling Heiko noch?"

„Ja. Er ist inzwischen sehr alt."

„Er wurde am gleichen Tag wie du getauft. An seinem finsteren Gesicht sah jeder, dass er nur gezwungenermaßen in das Becken stieg und sich untertauchen ließ. Geht er sonntags zur Kirche?"

„Meistens." Ich hatte nicht vor, den alten Heiko hier in Aquis anzuschwärzen. Gerade jetzt im hohen Alter bedauerte Heiko sehr, dass er sich damals hatte taufen lassen. „Was soll ich nur allein im Himmel, wenn alle meine Vorfahren in der Hölle sind? Die warten doch auf mich", seufzte er immer wieder. Selbst unser Priester in Birkenholm wusste darauf keine rechte Antwort.

„Noster!“

„Qui es in caelis“, schrie jetzt Odo und flatterte mit den Flügelstümpfen. Es war klar und deutlich zu hören. Entgeistert sah ich zu ihm hinüber.

„Ich habe nie gezweifelt, dass er beten kann.“ Einhard lächelte mir augenzwinkernd zu, nahm den Raben auf die Hand und ließ ihn an einer Weizenähre picken.

„Noster!“, krächzte Odo.

Mindestens den Anfang des Vaterunsers hatten sie ihm also beigebracht. Odo war ein gelehriges Tier.

Richold lächelte mich an. „Wirst du ihn hier am Hof lassen als Geschenk für den Kaiser?“ Er gab mir einen freundlichen Stups mit dem Ellenbogen. „Das musst du tun, Siggilind“, fügte er leise hinzu. „Was man versprochen hat, muss man auch –“

„Ja“, sagte ich hastig. Ganz recht war es mir nicht. Ich hätte ihn lieber behalten.

„Und du wirst weiter hierbleiben und Schülerin der Palastschule sein? Du musst es tun, ich freue mich für dich“, sagte er.

„Aber was sollen meine Eltern glauben, wenn ich überhaupt nicht mehr nach Birkenholm zurückkomme? Sie denken am Ende, ich sei eine richtige Fränkin geworden ...“

---

11 qui es in caelis – *lat. „der du bist im Himmel“*

„Na und? Was wäre denn so schlimm daran?", fragte Richold.

„Das würden sie mir nie verzeihen. Ich will bald wieder zurück", murmelte ich. Ganz glücklich war ich nicht über die Aussicht, meine Tage in der Palastschule zu verbringen.

„Hier in Aquis können wir uns jeden Tag sehen", sagte Richold. Ich war sprachlos über seine Worte.

„Was willst du damit sagen, Franke?"

„Bleib bei deiner Patentante, genieße das Leben in einer Pfalz und heirate einen Franken, eines Tages, wenn es so weit ist." Er sah mich abwartend an. „Und Orgelmusik kannst du auch nur hier hören."

„Das muss ich mir sehr genau überlegen." Vor dem Fenster trieben Schneeflocken, die ersten in diesem Jahr. „Aber den Winter über werde ich wohl doch noch hier verbringen. Wer reist schon freiwillig bei Eis und Schnee nach Norden?"

Liebe Mutter,

vielen Dank für den Korb mit den Würsten und
Kerzen und dem Bericht über Deine Erlebnisse in
Aachen, den ich meinen Freunden vorgelesen habe.
Gut, dass Du Dich entschlossen hast, eine richtige
Fränkin zu werden, und Richold geheiratet hast.
Übrigens, bei seinem Besuch zur Weihnachtsmesse
hat der Cancellarius Einhard den Raben Odo bei
sich gehabt und das Tier hat vor dem Festessen das
Tischgebet gesprochen.
Unser Gesang im Dom wurde von allen sehr
gelobt. Der Bischof hat uns um eine Wiederholung
am Abend gebeten.
Ich bin stolz darauf, dass Du so gut schreiben kannst.
Ich soll Dir auch herzliche Grüße von Einhard
ausrichten. Er wird bei Euch in Aschibrunn vor-
beikommen und schlägt vor, Du könntest ein Loblied
für Kaiser Ludwig dichten, das er sich dann anhört.
Im Frühjahr werde auch ich zu einem Besuch
nach Aschibrunn kommen und freue mich schon.

Viele Grüße und Küsse
von Deinem Sohn Richard in Metz

Glossar

Aachen (lat. Aquis Grani)	*Dieser Ort, der heute nahe der deutschen Grenze zu Holland liegt, besaß warme Schwefelquellen, die schon von den Römern genutzt wurden. Hier baute Karl der Große ab 796 seine feste Residenz, in der er Gesandte empfing, seine Schätze sammelte, die Hofschule, Werkstätten und ein Skriptorium einrichtete.*
Abtei	*Kloster mit einem Abt oder einer Äbtissin als Vorstand*
Admonitio Generalis	*Die um 789 verfasste berühmteste Gesetzessammlung Karls entstand unter Mitwirkung Alkuins. Dieses Send- und Mahnschreiben des Königs bestand aus 82 Kapiteln. Königsboten brachten die Abschriften in alle Teile des Frankenreichs zu Bischöfen, Geistlichen und dem Volk.*
Arianer	*Glaubensgemeinschaft, die den Sohn Gottes für untergeordnet hielt und die Dreifaltigkeit Gottes ablehnte*
Awaren	*Gefürchtetes, kriegerisches Reitervolk im Osten Europas, das sich im Gebiet des heutigen Ungarn ansiedelte. Karl nutzte den Vorteil, dass die Führung der Awaren zu seiner Zeit zerstritten war. Die Beute aus den Awarenkriegen, vor allem Gold, war für damalige Zeiten unermesslich.*
Basilika	*hallenartiger (Kirchen)bau, in dem sich viele Menschen versammeln konnten*

Benediktregel	*Vorschriften für das Leben im Kloster von Benedikt von Nursia (480–547) verfasst*
Bonifatius (672/675–754)	*Eigentlich Wynfreth aus dem angelsächsischen Wessex. Er wurde schon als Kind ins Kloster Exeter gegeben, zum Mönch und Priester geweiht und fiel durch sein großes Predigttalent auf. Der damalige Papst Gregor II. beauftragte ihn deshalb mit der Missionierung der Germanen in Bayern, Hessen und Thüringen. Bonifatius soll allein im Jahr 722 Tausende getauft haben. 723 fällte er die dem Gott Donar geweihte Eiche bei Geismar in Hessen. Aus dem Holz wurde sogleich eine Kirche gebaut. 744 gründete der Missionar, inzwischen Bischof geworden, das Kloster Fulda. Am 5. Juni 754 wurde er bei Dokhum (heute Niederlande) von Räubern erschlagen.*
Byzantiner	*Spätere Bezeichnung für die Bewohner des Oströmischen Reichs mit der Hauptstadt Konstantinopolis (vom römischen Kaiser Constantin im Jahr 337 als neues Rom gegründet). Dort herrschte der Kaiser (Basileus oder Imperator). Zur Zeit Karls hatte das Oströmische Reich bereits stark an Macht verloren. Große Gebiete waren an die Langobarden und die Muslime gefallen. Im Land selbst wurde erbittert bis zum Bürgerkrieg über theologische Probleme gestritten. Karl und Ostrom unterhielten diplomatische Beziehungen zueinander.*
Esse	*Arbeitsplatz des Schmiedes*

Fresko, Fresken	*ital. al fresco: auf den frischen Putz gemalte Wandbilder*
Graf (lat. comes)	*Unter Karl waren die Grafen noch absetzbar, später wurde das Amt erblich. Sie besaßen Gerichtsbarkeit und Militärgewalt in ihrem Gebiet* (comitatus).
Hausmeier (lat. maior domus)	*Zunächst der Vorstand des Hausgesindes. Die Hausmeier an den Königshöfen der Merowinger verwalteten das Königsgut und traten allmählich an die Spitze der königlichen Gefolgschaft. Schließlich waren sie die eigentlichen Herrscher, während die Könige nur noch repräsentierten. 751 steckte Pippin den letzten Merowingerkönig ins Kloster und ließ sich vom Papst zum König weihen.*
Herzog (lat. dux)	*Verwalter eines größeren Gebietes, in dem mehrere Grafen ansässig waren*
Hofkapellan	*Geistlicher an der Kapelle*
Kaiserkrönung	*Karl war im Winter des Jahres 800 nach Rom gekommen, um dem bedrängten Papst Leo beizustehen. Es ging darum, Anklagen gegen den Papst zu prüfen. Im Anschluss an den Weihnachtsgottesdienst setzte der Papst dem Frankenkönig eine goldene Krone auf und das Volk in der Kirche brach in die – vorher einstudierten – Huldigungsrufe aus: „Dem erhabenen (Augustus), von Gott gekrönten, großen und friedenbringenden Kaiser (Imperator)."* *Karls Biograf Einhard vermerkt, die Krönung sei für Karl unerwartet gekommen und ihm unangenehm gewesen. Karl selbst wollte den*

	Kaiser von Konstantinopel (Byzanz) nicht verdrängen. Er legte vielmehr Wert darauf, neben dem Kaiser des Ostens der Kaiser des Westens zu sein.
Kapella, Capella	*Kirche, in der die Capa, der Mantel des heiligen Martin aufbewahrt wurde. Kapellanus (davon „Kaplan") ist der Geistliche an der Kapelle. Von der fränkischen Kapella leitet sich das heutige Wort Kapelle ab. Die Bedeutung hat sich gewandelt: Kapellen sind kleine Gebäude in Kirchenform zur Heiligenverehrung.*
Karl Martell (ca. 688/89–741)	*Großvater Karls, Hausmeier der Merowingerkönige. In der Schlacht von Poitiers im Jahr 732 und weiteren Feldzügen drängte er die Sarazenen aus Südgallien zurück.*
Karolinger (ursprünglich Arnulfinger)	*Fränkische Adligen- und Herrscherfamilie mit reichem Grundbesitz im Gebiet der Flüsse Mosel und Maas. Der Familie entstammten der heilige Arnulf (Bischof von Metz) und Karl Martell. Die Karolinger entmachteten die Merowinger.*
Kleriker	*Geistlicher*
Klosterhof	*Bauernhof mit Handwerkerbetrieben zur Versorgung eines Klosters*
Konstantinopel	*Hauptstadt des Byzantinerreichs, von Constantin im Jahr 337 als „neues Rom" gegründet*
Laienabt, Laienäbtissin	*Adlige und Angehörige der Königsfamilie gründeten Klöster auf ihrem Gebiet oder bekamen sie vom König geschenkt. Über die Einnahmen daraus durften sie frei verfügen und*

	als Abt oder Äbtissin über die Nonnen und Mönche bestimmen, ohne geweiht zu sein.
Langobarden	*Germanischer Stamm, ursprünglich in Südschweden ansässig, der auf seinen Wanderungen nach Süden das arianische Christentum annahm und als Verbündeter von Byzanz nach Norditalien kam. Zur Zeit Karls war das Langobardenreich eine Monarchie mit der Hauptstadt Pavia.*
Ludwig der Fromme (778–840)	*Jüngster legitimer Sohn Karls. Nach dem Tod der älteren Brüder wurde er im Jahr 813 von seinem Vater zum Mitherrscher bestimmt und 814, nach dessen Tod, von den Franken zum Nachfolger des Vaters ausgerufen.*
Mergel	*Gestein aus Ton und Kalk, mit dem man feuchte Böden verbessern konnte*
Mundschenk	*bediente den König mit Getränken*
Odin	*germanischer Gott*
Papst	*Oberhaupt der katholischen Kirche; heute mit Sitz im Vatikan in Rom. Die Frankenkönige fühlten sich dem Papsttum besonders verpflichtet. Trotzdem begannen sowohl Pippin wie dessen Sohn Karl, kirchliche Dinge nach eigenem Ermessen zu regeln. Am Weihnachtstag des Jahres 800 krönte Papst Leo III. in Rom Karl zum Kaiser. Besonders diesem schwachen Papst gegenüber fühlte Karl sich überlegen. Sofort nach dem Tod Karls des Großen ergriff Leo jedoch die Initiative und besetzte die Bischofsstellen selbst. Der Machtanspruch Karls über die katholische*

	Kirche konnte von seinen Nachfolgern nicht gehalten werden. Fortan beanspruchten die Päpste, über dem Kaiser zu stehen, was zu langwierigen Auseinandersetzungen führte.
Pergament	*In Kalklauge gebeizte und gereinigte Tierhaut, vor dem Aufkommen des Papiers im Spätmittelalter der gebräuchlichste Beschreibstoff des Mittelalters. Papyrus, das papierähnliche Material aus den Fasern der ägyptischen Papyrusstaude, war nach dem Zusammenbruch des römischen Westreichs nicht mehr erhältlich – die Handelsverbindungen nach Ägypten waren zusammengebrochen.*
Pippin III. (714/15–768)	*Ursprünglich* maior domus *(Hausmeier) des Königs. Nach der Absetzung des letzten merowingischen Königs, für die vom Papst in Rom Erlaubnis erteilt worden war, wurde er der erste karolingische König.*
Pfalz Aquis	*das heutige Aachen*
Pfalzkapelle von Aachen	*Sie wurde nach Entwürfen des Architekten Odo von Metz in Zusammenarbeit mit Karl als Achteck in einem sechzehneckigen Bau errichtet. Sie ist heute Teil des Aachener Doms. Hier wurde Karl nach seinem Tod begraben.*
Porphyr	*Dem Kaiser vorbehaltener „kaiserlicher", weil purpurfarbener Stein*
Scara	*Leibwache Karls, kleine bewegliche Truppe als Ergänzung des Aufgebots der Lehnsleute. Sie führten auch kleinere Kriegszüge selbstständig durch. Meist waren es junge Männer ohne Familie.*

Scriptorium (lat. für Schreib- werkstatt)	*Raum in Klöstern, wo Schreiber und Buch- maler* (illuminatores) *beschäftigt waren. Die bedeutendsten Scriptorien karolingischer Zeit befanden sich in den Klöstern von Chelles, Reims, Tours, St. Denis, Trier, Metz, Reichenau, St. Gallen, Fulda, Regensburg und Hildesheim. Unter Karl dem Großen wurden aus Italien wichtige Handschriften besorgt und in den fränkischen Klöstern kopiert und ausge- schmückt. Man bemühte sich um eine leichter lesbare einheitliche Schrift und um die Verbes- serung des Bibeltextes.*
Süntel	*Im Jahr 782 überfielen die Sachsen am Fluss Süntel ein fränkisches Heer und besiegten es.*
Tassilo (748–788)	*Bayernherzog, Cousin Karls. Verheiratet mit einer Langobardenprinzessin. Er erhob sich gegen Karl. Man warf ihm vor, heimlich ein Bündnis mit den Awaren geschmiedet zu haben. 788 wurde er angeklagt und seines Amtes entsetzt, zum Tode verurteilt, doch dann von Karl begnadigt und ebenso wie seine Familie zu lebenslänglicher Klosterhaft verurteilt. Das Herzogtum Bayern wurde dem Frankenreich einverleibt.*
Taufe	*Das Taufsakrament, oft zu Ostern oder Pfingsten gespendet, bestand zu Karls Zeiten in der Austreibung des Teufels aus dem noch heidnischen Kind oder Erwachsenen, einer Salbung mit geweihtem Öl und dem Sprechen des Glaubensbekenntnisses. Dazu gehörte dreimaliges Untertauchen im Taufbrunnen.*

	Erst im späteren Mittelalter wurde der Täufling im Taufbecken mit Wasser begossen.
Tintenhorn	ausgehöhltes Horn, in dem Tinte zum Schreiben bereitstand
Thiudsk, Tiudsk	davon abgeleitet: deutsch. Allgemeine germanische Sprache, mit leichten Dialektabwandlungen von den germanischen Stämmen zur Zeit Karls gesprochene und allgemein verstandene Sprache
Tonsur	kreisrunde Rasur des Haars auf dem Kopf geweihter Geistlicher
Trivium	lat. „drei Wege", die drei sprachlichen Fächer der sieben freien Künste, die Grundlagen des Wissens
Vasall	Gefolgsmann
Vitruv	römischer Schriftsteller (1. Jh. v. Chr.), der ein Werk über Architektur verfasste, das Einhard bekannt war
Widukind (nach 785 gest.)	Sächsischer Anführer in der Zeit 777–785, der die Aufstände der sächsischen Stämme immer wieder neu organisierte. 785 ließ er sich auf ein Friedensangebot hin mit seinem Gefolge in der Pfalz Attigny taufen.

Zeittafel – Karls Leben

742 oder 748 2. April:
Geburt Karls des Großen

> **751** Pippin, Karls
> Vater, setzt den letzten
> Merowingerkönig ab
> und nimmt die Königs-
> würde an.

771 Tod Karlmanns.
Karl wird alleiniger
König. Er verstößt
die langobardische
Prinzessin.

768 Tod Pippins. Die
Söhne Karl und
Karlmann teilen das
Frankenreich.

772 Beginn der
Sachsenkriege

770 Karl heiratet die Tochter
des Langobardenkönigs.

773–774 Auf die Bitte Papst Hadrians wirft Karl die Langobarden nieder.

785 Taufe des Sachsenanführers Widukind in der Pfalz Attigny

778 Spanienfeldzug, am 15. August Niederlage bei Roncesvalles. Tod des Markgrafen Roland

786 Der Ausbau Aachens als Regierungssitz beginnt.

781 Karl in Rom. Papst Hadrian salbt die Söhne Pippin und Ludwig zu Teilkönigen.

788 Hoftag in Ingelheim. Herzog Tassilo von Bayern wird abgesetzt.

789 *Admonitio Generalis*

791 Von Regensburg aus Kriegszug gegen die Awaren

794 Konzil in Frankfurt. Tod der Ehefrau Fastrada

795 Eroberung des Awarenschatzes

792 Aufstand des erstgeborenen Pippin des Buckligen

796 Tod Papst Hadrians I. Ihm folgt Papst Leo III.

799 Papst Leo flüchtet vor seinen römischen Gegnern nach Paderborn zu Karl.

800 Kaiserkrönung
am Weihnachtstag
durch Papst Leo

812 Frieden mit Byzanz.
Karls Enkel Bernhard wird
König von Italien.

804 Ende der
Sachsenkriege.
Tod Alkuins

810–811 Karls ältere
Söhne sterben: Karl der
Jüngere, Pippin von
Italien und Pippin der
Bucklige

813 Krönung des
jüngsten Sohnes
Ludwig zum Mitkaiser

814 28. Januar: Tod
Karls in Aachen

Inhalt – Karl der Große und der Feldzug der Weisheit

Inhalt – Sachkapitel

Impressum

In neuer Rechtschreibung

1. Auflage 2009
© Arena Verlag GmbH, Würzburg 2009
Alle Rechte vorbehalten
Coverillustration: Joachim Knappe
Innenillustration: Klaus Puth
Fotos: akg-images, Berlin; S. 22 Bildarchiv Preußischer Kulturbesitz; S. 31
Schlotterbeck © Kaiserpfalz Ingelheim Forschungsstelle; S. 24, 56, 66, 76
Württembergische Landesbibliothek; S. 59 Germanisches Nationalmuseum
Nürnberg; S. 96 Stadtarchiv Trier
Satz: Claudia Böhme auf der Grundlage einer Gestaltung und Typografie von
knaus. büro für konzeptionelle und visuelle identitäten, Würzburg
Gesamtherstellung: Westermann Druck Zwickau GmbH
ISBN 978-3-401-06065-1

www.arena-verlag.de